Ágnes Heller · Die Welt der Vorurteile

Ágnes Heller

Die Welt der Vorurteile

Geschichte und Grundlagen
für Menschliches und Unmenschliches

Herausgegeben vom Sir Peter Ustinov Institut
zur Erforschung und Bekämpfung von Vorurteilen

Edition Konturen
Wien · Hamburg

Bibliografische Information der Deutschen Bibliothek
Die Deutsche Bibliothek verzeichnet diese Publikation in der Deutschen Nationalbibliografie, detaillierte bibliografische Daten sind im Internet über http://dnb.ddb.de abrufbar

Umschlaggestaltung: Georg Hauptfeld, dressed by Gerlinde Gruber.
Umschlagbild: Wolfgang Pavlik, o. T., 2005/2006, Ölfarbe auf Leinwand, 150 cm x 200 cm, Sammlung Hauptfeld, Wien, © Bildrecht, Wien, 2014
Layout: Georg Hauptfeld, dressed by Karin Kühtreiber
Lektorat: Christa Hanten

ISBN 978-3-902968-03-6

Druck: Druckerei Berger, 3580 Horn
Printed in Austria

Inhalt

Vorwort

Dieses Buch ist aus der Vorlesung „Die Welt der Vorurteile" hervorgegangen, die ich 2013 als Sir-Peter-Ustinov-Gastprofessorin der Stadt Wien am Institut für Zeitgeschichte der Universität Wien gehalten habe. Meine philosophische Aufgabe sah ich darin, zu zeigen, wie Vorurteile im modernen Sinn aus der gesellschaftlichen Entwicklung hervorgegangen sind und dass die Kritik der Vorurteile auf Probleme der Moderne antwortet.

Aus diesem Grund war es erforderlich, mit einer Theorie der Moderne – seit der Aufklärung – zu beginnen. Sie umfasst die Diskussion der Dynamik der Moderne wie auch die Struktur der Entwicklung mit den drei Logiken. Weil Vorurteile auch kulturelle und moralische Phänomene sind, musste ich mich auch mit der Situation der Ethik in der Moderne und mit den verschiedenen modernen Kulturbegriffen auseinandersetzen.

Die Analyse der Vorbedingungen für Vorurteile im modernen Sinn stellte sich dabei als sehr komplexe Aufgabe heraus – verglichen mit der leichteren Übung der Auseinandersetzung mit den Vorurteilen selbst. Thema sind die wichtigsten Vorurteile, wie Rassismus, besonders Antisemitismus, Vorurteile gegen kolonisierte Völker und unterdrückte Klassen, Vorurteile gegen Frauen oder Homosexuelle, politische und soziale Vorurteile. Einschließlich der systematischen politischen, ideologischen Instrumentalisierung der Vorurteile in totalitären Regimes.

Philosophen sagten oft, dass alles mit allem zusammenhängt. In der „Welt der Vorurteile" kommt man diesem Diktum sehr nahe.

Ágnes Heller, 26. April 2014

1. Ontologische und anthropologische Vorbedingungen von Vorurteilen

Der moderne Begriff der Vorurteile hat sich in der Aufklärung entwickelt. Das Wort selbst ist sehr alt, es geht auf das lateinische „praeiudicium“ zurück. Damit war allerdings etwas anderes gemeint, als wir heute damit verbinden. Ein Praeiudicium war ein allgemeines Urteil, das dem jeweiligen Einzelfall vorausgeht und über diesen hinausweist. Es wurde einem konkreten Urteil vorausgestellt, also gefällt, bevor ein konkreter Fall vorlag. Dieses Praeiudicium wurde in der Gemeinschaft als wahr angenommen. Der Einzelfall wird subsumiert. Wir sagen zum Beispiel, Mord ist böse. Wenn es um Mord geht, dann stellen wir die Frage, ob jemand einen Mord begangen hat, aber wir stellen nicht das Iudicium infrage, dass Mord böse ist.

Kant unterscheidet zwei Typen von Urteilen: das „determinierende“ und das „reflektierende“. Bei einem determinierenden Urteil gibt es eine Regel, und man muss herausfinden, ob ein konkreter Fall subsumierbar ist. Zum Beispiel muss der Schiedsrichter bei einem Fußballspiel entscheiden, ob eine bestimmte Handlung ein Foul ist oder nicht. Wenn ja, muss sie bestraft werden. Er kann natürlich falsch urteilen, doch die Regel muss auf jeden Fall angewendet werden.

> *Von Vorurteilen kann man nur sprechen, wenn das determinierende Urteil noch nicht in einer Gruppe angenommen ist. Wenn etwa eine Gruppe davon ausgeht, dass eine Frau treu zu ihrem Mann sein soll, dann ist es kein Vorurteil, die Untreue*

einer Frau negativ zu beurteilen, sondern ein determinierendes Urteil. Wenn alle mit einer Norm einverstanden sind, kann man die Norm nicht als Vorurteil ansehen. Von einem Vorurteil können wir nur sprechen, wenn die höhere Norm nicht allgemein anerkannt ist.

Anders ist es beim reflektierenden Urteil. Dabei entsteht aus einem Einzelfall ein allgemeines Urteil. Kant bezeichnet zum Beispiel das ästhetische Urteil als reflektierendes Urteil. Man sagt, diese Rose ist schön, aber nicht deshalb, weil alle Blumen schön sind, sondern vom Einzelfall her.

Reflektierende Urteile sind dann Vorurteile, wenn sie nur scheinbar reflektierend sind. Man schließt von einem Einzelfall auf etwas Allgemeines, weil man schon weiß, was das Allgemeine ist. Man sieht zum Beispiel einen Farbigen, der schmutzig ist, und sagt, alle Farbigen seien schmutzig. Man spricht über einen reichen Juden und sagt, alle Juden seien reich: In dem Moment, in dem von einem Einzelfall die Rede ist, hat man das allgemeine Urteil schon vor Augen. Es wird vorausgesetzt, dass man Juden nicht mag, weil sie alle reich sind. Das heißt: Ein echtes reflektierendes Urteil ist nie ein Vorurteil, ein Vorurteil kann nur scheinbar von einem reflektierenden Urteil ausgehen.

In traditionellen Gesellschaften gibt es ein Praeiudicium nur in dem Sinn, was alle als wahr anerkennen. Es geht nur darum, wie man es anwendet. In der Moderne wird zum Beispiel nicht mehr allgemein als Norm anerkannt, dass Ehebruch böse ist. Daher denken wir, dass die ein Vorurteil haben, die glauben, Ehebruch sei böse. Andere hingegen halten unsere Ansicht für ein Vorurteil. Damit es Vorurteile geben kann, müssen in einer Gesellschaft verschiedene Normensysteme auf derselben Ebene operieren.

Als prophetischer Kopf hat Shakespeare den grundlegenden Konflikt zwischen Urteil und Vorurteil schon vor allen anderen erkannt, zum Beispiel bei Romeo und Julia. Hier geht es darum, was natürlich ist und was unnatürlich. Die Familien Montague und Capulet hassen einander, dann kommt Julia und sagt: Das hat mit der Natur überhaupt nichts zu tun.

Dass ich so handeln soll wie eine Capulet und die Montagues hassen, ist ein Vorurteil. Shakespeare sieht Vorurteile als unnatürlich, ein Konzept, das erst mit der Aufklärung allgemein anerkannt wurde. Der neue Begriff des Vorurteils setzte sich durch, weil die Moderne durch einen anderen Typ des gesellschaftlichen Zusammenlebens charakterisiert ist als alle vormodernen Gesellschaften.

Gadamers Begriff des Vorurteils

In seinem Buch „Wahrheit und Methode" schreibt Hans-Georg Gadamer, dass der Begriff des Vorurteils, wie wir ihn verwenden, eigentlich falsch ist und von der Aufklärung erfunden wurde. Sie spricht über Vorurteile in einem negativen Sinn, als ob es ein Fehler wäre, dass wir Vorurteile haben.

> *Nach Gadamer haben wir alle Vorurteile, ohne sie könnten wir weder leben noch handeln. Nur durch Vorurteile verstehen wir unsere Gegenwart und unsere Umwelt im Allgemeinen. Für Gadamer gehören Vorurteile zum menschlichen Leben, zur „Conditio humana", zu unserem menschlichen Dasein. Diese Konzeption der Vorurteile unterscheidet sich von jener des vorliegenden Buches.*

Wenn wir in die Welt hineingeboren werden (bei Heidegger und Gadamer heißt es „geworfen"), treffen sich zwei ganz verschiedene Apriori vor der Erfahrung. Unser Leben baut auf zwei Voraussetzungen auf, die im Augenblick unserer Geburt bereits vorhanden sind: Einerseits wird uns ein biologischer, genetischer Charakter mitgegeben, andererseits sind wir hineingeworfen in eine Welt mit fixen Normen, Werten, Rollen, Urteilen und gesellschaftlichen Verhältnissen.

Gadamers und Heideggers Begriff des Verstehens setzt hier ein: Das Kind beginnt, die Welt zu verstehen, indem es alles, was es in der Welt sieht und erfährt, als Voraussetzung anerkennt. Wenn man eine Welt erfahren will, erfährt man die Wahrheit, die Selbstverständlichkeit dieser Welt. Es ist selbstverständlich, dass das Kind einen Vater und eine Mutter hat, dass es einige Dinge tun darf und andere nicht, weil sie verboten sind. Vielleicht fühlt schon ein Kind Unbehagen in der Kultur, dass etwas in der Welt nicht stimmt, doch das bleibt ein Gefühl. Für ein Kind ist die Welt, wie sie ist, es gibt keine andere Welt als die Welt seiner Erfahrung.

Alle Urteile dieser Welt sind für ein Kind selbstverständlich, auch die Muttersprache, normalerweise nur eine einzige. Kinder sind auf Sprachenlernen programmiert, doch steht nicht fest, welche Sprache sie lernen. Das ist ein schönes Beispiel für die beiden Apriori: Das genetische Apriori ist, dass wir biologisch programmiert sind, eine Sprache zu lernen. Das gesellschaftliche Apriori ist, dass wir in eine englische, deutsche oder indianische Familie hineingeboren werden. Diese beiden Apriori werden sich in der Erfahrung vereinen.

In gewisser Weise sind alle Urteile eines Kindes Vorurteile, denn sie sind nicht überprüft. Das Kind hat keine rationale Einsicht in die Wahrheit oder Unwahrheit seiner Urteile, es nimmt sie als selbstverständlich an. Als selbstverständlich nimmt es auch an, dass seine Eltern, seine Nachbarn, seine Welt die wahre Welt sind. Das sind die Vorurteile, über die Heidegger und Gadamer sprechen: Wir werden in die Welt geworfen, und dann beginnt das Verstehen.

Es gibt noch keinen Widerspruch zwischen Erklären und Verstehen, denn alles, was man versteht, nimmt man als bereits erklärt an. Wenn das Kind zum Beispiel fragt: „Warum muss ich diese Tante grüßen?“, lautet die Antwort normalerweise: „Du musst sie grüßen, weil sie deine Tante ist! Sei ein gutes Kind!“ Das gute Kind wird das lernen und später auch den eigenen Kindern beibringen. Auf diese Weise werden Normen und Rollen selbstverständlich. Auch später werden diese Dinge nicht in Frage gestellt. Nur die Philosophen stellen immer Kinderfragen wie: „Warum gibt es die Welt?“ Eltern antworten auf so etwas nur: „Stell keine dummen Fragen!“

So lernen wir, keine „dummen Fragen“ zu stellen. Wir alle haben natürlich Voraussetzungen, die wir für gut und recht halten, ohne sie zu prüfen – die für uns selbstverständlich sind. Dazu gehören die Normen und die Rollen, die wir spielen, die Regeln, denen wir gehorchen, und selbstverständlich sind auch viele Ideen unserer Umwelt. Schon als Kind lernen wir, dass es Götter gibt oder einen Gott, welche Götter höher stehen als die anderen, dass die Ahnen unserer Familie als Gespenster gegenwärtig sind.

Zusammengefasst werden unsere Erfahrungen durch eine übergeordnete Art des Verstehens, das allgemeine Verstehen. Es ist normalerweise fixiert in den sogenannten kulturellen Traditionen einer Gruppe. Ohne kulturelles Gedächtnis gibt es keine Gesellschaft und auch keine Vergangenheit. Das kulturelle Gedächtnis bringt dem Menschen schon als Kind das Bewusstsein, dass es eine Vergangenheit gibt, dass die Welt früher anders war als jetzt. Das Kind lernt die sogenannte teleologische Konzeption der Welt. Jemand hat diese Welt erschaffen. Die Menschen wollen wissen, woher sie kommen, wer sie sind und wohin sie gehen. Wie Gauguin auf seinem berühmten Bild von 1897: „Woher kommen wir? Was sind wir? Wohin gehen wir?“

Ist es möglich, alle Normen, Werte und Gewohnheiten unserer Gegenwart, unserer Gesellschaft zugleich in Frage zu stellen? Die Antwort ist: Nein, das können wir nicht. So kann man nicht leben. Wenn man von einem Tag auf den anderen sagt, ich tue nichts, wie es die anderen tun, ich glaube nichts von dem, was die anderen glauben, für mich ist nichts wahr, was für die anderen wahr ist, dann könnte man überhaupt nicht leben. Das ist das Problem: Wir alle haben Vorurteile. Wir gehen von ungeprüften Annahmen aus. Nur so können wir leben.

Gegenwart und Vergangenheit

Auch vor der Moderne war die Vergangenheit im kollektiven Gedächtnis, in den kollektiven Erzählungen vorhanden. Sie konstituierte die menschlichen Kulturen: Zum Beispiel gäbe es ohne Homer keine Griechen, nur Athener, Spartaner etc. Ilias und Odyssee sind das kollektive Gedächtnis aller Griechen. Sie müssen dieses kollektive Gedächtnis anerkennen, sie „wissen", dass ihre Vergangenheit so war. Alles endete in der Gegenwart. Die „Alten", die Menschen vor der Moderne, hatten im Wesentlichen keinen Begriff von einer geschichtlichen Zukunft.

Ein Kind hat zunächst eine Art von Traumbewusstsein. Im Traum gibt es keine Vergangenheit und keine Zukunft, nur die absolute Gegenwart – auch für ein neugeborenes Kind gibt es nur diese. Man muss einem Kind die Temporalität erst bewusst machen, damit es die Vergangenheit lernt. Dazu erzählt man den Kindern Märchen, die anfangen mit: „Es war einmal …" Das Kind lernt, dass es einmal etwas gab, was heute nicht mehr da ist. Sehr oft endet die Geschichte mit: „Und wenn sie nicht gestorben sind, so leben sie noch heute." Eine Temporalisierung in der Vergangenheit ist typisch für solche Märchen, natürlich auch in Mythen.

> *Eine geschichtliche Zukunft gibt es nur in der Moderne. Auch Vorurteile, wie sie im Folgenden erörtert werden, kann es nur in einer Gesellschaft geben, in der eine geschichtliche Zukunft existiert. In alten Zeiten gab diese nicht. Man konnte sich schon vorstellen, dass nach dem Tod mit einem etwas passiert. Vielleicht war die Seele unsterblich und schwebte irgendwo, oder es gab eine Seelenwanderung. Vielleicht gab es also eine Zukunft, aber eine geschichtliche Zukunft existierte nicht.*

Utopien waren normalerweise in der Vergangenheit angesiedelt. Vor dem 19. Jahrhundert handelten sie nicht von der Zukunft, sondern von der Vergangenheit, vom „goldenen Zeitalter". Die Geschichte vom Paradies, vom Garten Eden, ist eine solche Utopie. Außerhalb der Erlösung gab es keine Zukunft, und in der Erlösung gab es keine Zeit mehr: Die Zeit endete mit der Gegenwart. Daher gab es auch keine Vorurteile im modernen Sinn, sondern nur allgemeine Urteile, die richtig oder falsch sein konnten.

In Platons Dialogen unterscheidet Sokrates zwischen Meinung und wahrem Wissen. Die Menschen haben nur Meinungen, kein wahres Wissen. Alles, was man in Athen sagt, alles, was die Sophisten sagen, alles, was die gewöhnlichen Menschen sagen, alles, woran sie wirklich glauben, ist nur Meinung, nicht wahres Wissen. Auch was Homer über die Götter gesagt hat, ist kein wahres Wissen. Nur geprüftes Wissen, geprüfte Erfahrung kann man als wahr anerkennen.

Diese Meinungen sind jedoch nicht dasselbe wie unsere Vorurteile, weil es keine Temporalisierung gab. Platon hat nicht gesagt, dass wir gegen eine Meinung eine andere Meinung setzen können. Er meinte, dass man nur die philosophische Wahrheit mit der Meinung konfrontieren könne und dass alle nicht philosophischen Konzeptionen und Grundsätze bloße Meinungen seien.

Nur durch philosophische Demonstration und Argumentation können wir zur Wahrheit kommen. Alles, was wir sinnlich erfahren, alles, was wir hören, kann nur Meinung sein, nie Wahrheit. Unsere Sinne sind auf das Materielle gerichtet, und alles Materielle kann nur Meinung erzeugen. Nur die reine Vernunft, das reine Wissen kann Wahrheit erzeugen. Die Wahrheit kann man nicht empirisch erfahren, man muss sich weit über die empirischen Erfahrungen erheben, um zur reinen Wahrheit zu kommen.

Die Aufklärung und der empirische Begriff der Vorurteile

Wenn man heute über Vorurteile spricht, dann meint man auch etwas Empirisches: Wird ein Farbiger verhaftet, nur weil er farbig ist, ist die Verhaftung durch ein Vorurteil motiviert. Das sind empirische Tatsachen.

Wenn wir gegen Vorurteile auftreten, dann nennen wir immer auch konkrete, empirische Beispiele.

In der Zeit der Aufklärung hat man gesagt, dass Vorurteile nicht vernünftig sind, dass man gegen ein Vorurteil ein Urteil der Vernunft setzen kann. Dabei dachte man nicht an die philosophische Wahrheit Platons, sondern an die Vernunft als Common Sense. Descartes sagte, nichts sei so gleich verteilt in der Menschheit wie der Common Sense. Alle können mit ihrem Verstand denken: Wenn wir das manchmal nicht tun, hat das verschiedene Gründe, doch fähig dazu sind wir. Niemand muss ein Philosoph sein, um seinen Verstand in aufgeklärter Weise zu nutzen.

In seiner „Kritik der Urteilskraft" sagte Kant, wie ein Aufklärer denken und urteilen soll. Drei Dinge seien notwendig für ein kritisches Urteil: Urteile mit dem eigenen Kopf, denke und urteile auch mit dem Kopf der anderen, und urteile konsequent und widerspruchsfrei. Diese drei Dinge sind notwendig für ein vorurteilsfreies Denken.

Was verstehen wir unter Vernunft? Die Mutter sagt dem Kind: „Sei vernünftig und grüße deine Tante!" In der Welt des Alltags ist ein Mensch dann vernünftig, wenn er das macht, was die Eltern machen, was die Nachbarn machen, was man eben in dieser Welt macht. Und man ist unvernünftig, wenn man anderes vorzieht. Was man im Alltag „vernünftig" nennt, können wir auch als Vorurteil beschreiben. Nach Kants Konzeption der Vernunft ist vernünftig, wer immer mit dem eigenen Kopf denkt und alles prüft, um herauszufinden, ob etwas wirklich der Fall ist.

Bei Platon war davon noch nicht die Rede. Er wollte sicher nicht, dass jeder Mensch mit seinem eigenen Kopf denkt. Jeder Mensch sollte die absolute philosophische Wahrheit anerkennen, doch in Platons Sicht war die Mehrheit der Menschen dazu nicht fähig. Er unterscheidet drei Arten der Seele: Eine goldene Seele versteht alles, auch die philosophische Wahrheit. Wer mit silberner Seele geboren wird, versteht nur einen Teil, nicht die ganze Wahrheit. Und wer mit einer eisernen Seele geboren ist, der kann überhaupt nichts verstehen, er ist nur zu manueller Arbeit fähig.

Geworfenheit und Orientierung

Wir sind in die Welt geworfen mit zwei Vorbedingungen eines menschlichen Lebens: einem genetischen Apriori und einem gesellschaftlichen Apriori. Damit beginnt die menschliche Erfahrung. Das Neugeborene fängt langsam an, diese Welt zu verstehen und als selbstverständlich anzuerkennen.

Die beiden Apriori stimmen nie vollständig zusammen. Dazwischen bleibt immer eine Kluft, ein Abgrund. Um Freud zu zitieren: Unbehagen gibt es in allen Kulturen. Diese Theorie muss man nicht anerkennen, aber Tatsache bleibt, dass wir uns alle nicht immer in der Kultur wohlfühlen, in der wir leben. Nicht alle genetischen Apriori passen mit allen gesellschaftlichen Apriori gleich gut zusammen.

Es bleibt eine Kluft, und die ist sehr wichtig. Ihr verdanken wir zwei Dinge: Wissen und Kultur. Gäbe es überhaupt keine Spannung zwischen unserer biologisch-genetischen Natur und unserer gegebenen Welt, würden wir überhaupt nichts verändern. Um die Kluft zu füllen, müssen wir etwas schaffen, was noch nicht da ist. Wir müssen etwas anderes tun, etwas anderes wissen, etwas anderes zustande bringen. Aus der Spannung kommt ein kultureller „Surplus“, und auch ein „Surplus“ in unserem Wissen und in unserer Erfahrung.

Aus der Spannung zwischen genetischem und gesellschaftlichem Apriori entsteht noch etwas anderes: das Lachen und das Weinen. Alle Menschen lachen und weinen, das ist universal. Es gibt keine Kultur auf der Welt, in der die Menschen nicht lachen oder weinen. Dies ist die Antwort auf das Unbehagen in der Kultur.

Wenn man weint, nimmt man den Standpunkt des genetischen Apriori ein. Wir weinen für uns selbst, gegen alles, gegen die Welt, gegen die Freunde, gegen die Geliebten, deshalb weinen wir oft allein. Weinen ist keine gesellschaftliche Ausdrucksweise, wenn wir weinen, wollen wir uns auch verstecken.

Lachen hingegen ist ein gesellschaftlicher Standpunkt. Von diesem aus lachen wir über uns selbst und über andere. Das spielt auch bei Vorurteilen eine sehr wichtige Rolle, eine viel wichtigere als Weinen. Weinen ist nur eine Reaktion auf die Vorurteile von anderen. Wenn man mich verachtet, dann weine ich vielleicht. Aber über Vorurteile weinen wir nicht. Wir lachen darüber.

Nicht nur das Lernen der Sprache ist mit der Geburt gegeben, auch verschiedene Gefühle und Antriebe werden mit uns geboren. Dass wir Normen und Regeln gehorchen, ist das Resultat der Selbstdomestizierung des Menschen. Diese geht mit dem Abbau der Instinkte einher. Unser Leben wird nicht durch Instinkte geleitet, das gehört auch zu den ontologischen Vorbedingungen des menschlichen Lebens.

Normen und Regeln der Gesellschaft ersetzen die Instinkte. Ohne Normen und Regeln können wir nicht leben, denn wir könnten uns nicht orientieren. Wir orientieren uns an den Vorgaben der Gesellschaft: an den sogenannten Vorurteilen im Sinn von Gadamer, die wir in der Gesellschaft als selbstverständlich vorausgesetzt sehen.

Diese Urteile leiten unsere Handlungen. Wir kennen uns in der Welt nur deswegen aus, weil es diese Normen, Werte und Regeln gibt. Die gesellschaftliche Regulierung hat die Regulierung durch Instinkte ersetzt. Wenn wir überhaupt nichts als selbstverständlich gegeben anerkennen, können wir uns selbst in der Welt nicht erkennen. Das ist die Vorbedingung der Welterkenntnis.

Wenn wir über gesellschaftliche Regulierung sprechen, müssen wir zunächst über Orientierung in der Gesellschaft sprechen. Obwohl wir alle gesellschaftliche Wesen geworden sind, sind wir doch alle Einzelmenschen. Auch wenn wir uns fast völlig an die gesellschaftlichen Voraussetzungen und Bestimmungen anpassen, bleiben wir einzelne Menschen, und als solche sind wir – nach Niklas Luhmann – voneinander getrennte Systeme.

Wir sind keine Kombination zweier Systeme, der Natur und der Gesellschaft, sondern unabhängige Systeme. Wir sehen die Welt mit unseren eigenen Augen, und wir können uns selbst nicht sehen. Was wir im Spiegel sehen, ist nicht das, was wir sind, sondern nur ein Abbild. Und das, was im Äußeren wahr ist, ist auch in unserem Inneren wahr. Die Griechen sagten: „Erkenne dich selbst!" Aber niemand kann sich selbst ganz kennenlernen, und er kann auch den anderen nicht kennenlernen. Um uns kennenzulernen, brauchen wir den anderen, und der andere braucht uns.

Als unabhängige Systeme müssen wir uns in unserer Welt orientieren. Natürlich können wir handeln, sprechen und gehorchen, doch wir müssen wissen, wem wir gehorchen sollen, welche Normen, Sitten und Regeln wir anerkennen sollen. Dafür gibt es die sogenannten Werte der Orientierung. Wir alle kennen solche Werte, die allgemeinsten heißen „gut" und „schlecht". Wir orientieren uns zum Guten hin und gegen das Schlechte. Das Schlechte ist, was wir vermeiden sollen, das Gute ist, was wir tun sollen.

Alle anderen Begriffe und Werte der Orientierung kann man durch diese allgemeinen Werte ersetzen, zum Beispiel „wahr" und „falsch". Wir orientieren uns zum Wahren – wir wissen, was wahr ist, weil man es uns gesagt hat. Wir glauben das Wahre und glauben das Falsche nicht. „Schön" und „hässlich", „angenehm" und „unangenehm" sind ebenfalls Werte der Orientierung. Man orientiert sich auch daran, was einem wahrscheinlich gelingt oder nicht gelingt, was also pragmatisch korrekt ist und was nicht korrekt ist.

Warum ist es wichtig, über Werte der Orientierung zu sprechen? Weil sie mit Gesellschaftlichkeit zu tun haben. Tu das, was gut ist, was schön ist und was recht ist, sagt man uns. Aber was ist gut? Was ist schön? Was ist recht? Immer das, was unsere Gesellschaft dafür hält. Die Werte werden von unserer Umgebung bestimmt. Wenn wir Probleme haben, wenn wir infrage stellen, ob etwas wirklich wahr ist, was unsere Umgebung als wahr bestimmt, werden wir von der Gesellschaft ausgestoßen – zumindest von einer homogenen Gesellschaft.

Heterogene Gesellschaften haben sich sehr spät entwickelt. Deswegen können wir erst in der Moderne über Vorurteile in unserem Sinn sprechen. Wenn wir in der modernen Zeit leben, können wir immer sagen, was unsere Umgebung als wahr anerkennt, ist nicht wahr, was sie als schön anerkennt, ist nicht schön, was sie als gerecht anerkennt, ist nicht gerecht. Wenn man das aussagen kann und wenn das nicht nur ein Mensch oder ein Philosoph aussagt, sondern alle Menschen aussagen können, dann können wir über Vorurteile sprechen.

Affekte und Gefühle

Wie oben dargestellt, sind wir mit einigen Apriori geboren. Dazu gehören unsere Triebe und unsere Affekte. Beide sind keine Instinkte, sondern deren Überreste. Es sind universale Motivationen, ohne die das menschliche Geschlecht nicht überleben kann. Wir kennen sie alle: Hunger ist ein Trieb, Durst ist ein Trieb. Der Sexualtrieb ist notwendig, nicht um uns selbst zu reproduzieren, aber für die Reproduktion unseres Geschlechts.

> *Die Triebe sind auch konkrete Objekte der Orientierung. Sie selbst sind nicht geschichtlich, sie sind nicht gesellschaftlich determiniert, doch die Objekte dieser Triebe sind historisch und bis zu einem gewissen Grad auch gesellschaftlich determiniert.*

Welches Objekt kann unser Sexualtrieb haben? Es gab Zeiten, in denen für Männer ein anderer Mann kein Objekt des Sexualtriebs sein konnte. Es war nicht nur eine Schande, es war etwas Böses. Heute ist das anders, nur Kinder sind als Objekte des Sexualtriebs verboten. Es gibt erlaubte und unerlaubte Objekte, schamhafte und nicht schamhafte Objekte desselben Triebes.

Ähnlich ist es mit Hunger und Durst. Wenn man sehr hungrig ist, wird beinahe alles Essbare zum Objekt des Triebes. Zum Beispiel war während der Zeit der großen Hungersnot in der Sowjetunion zwischen 1930 und 1933 in der Ukraine Kannibalismus gang und gäbe. In normalen Zeiten ist Menschenfleisch für einen anderen Menschen tabu. Es gibt auch religiöse Definitionen dessen, was Objekt unseres Hungers oder unseres Durstes sein kann – und was nicht erlaubt ist.

> *Affekte sind ebenfalls allgemein menschlich. Alle gesunden Individuen des menschlichen Geschlechts haben diese Affekte: Furcht, Zorn, Ekel, Scham, Freude und Trauer. Alle Kinder auf der ganzen Welt wissen, wie Freude und Trauer in einem Gesicht aussehen. Alle Affekte haben einen Ausdruck.*

Zorn ist auch empirisch universal und reiner Zorn hat eine spezielle Ausdrucksweise. Das Gesicht eines zornigen Menschen erkennt jeder, und manchmal erblasst oder errötet jemand vor Zorn. Auch in der Körpersprache kann man Zorn erkennen. Wenn man Scham fühlt, errötet man. Wenn man sich fürchtet, zittert man und wird blass. Man hat das Gefühl, dass man rennen möchte, kann sich aber nicht bewegen.

Auch der Ausdruck der Furcht ist universal. Doch wovor wir uns fürchten, wovor wir uns ekeln, wodurch wir Schande und Scham fühlen, worüber wir uns freuen oder traurig sind, all das ist gesellschaftlich, geschichtlich und manchmal auch persönlich verschieden. Die Stimuli der Affekte sind verschieden, denn Affekte sind keine Triebe, sie sind Antworten auf Auslöser. Sie kommen nicht von innen, sondern müssen ausgelöst werden, und diese Auslöser sind immer gesellschaftlich.

Viele Menschen fürchten sich zum Beispiel vor Untreue. Sie fürchten sich davor, einen Freund zu verlieren. Sie fürchten sich, ihre Ehre zu verlieren. Sie fürchten sich, dass jemand ihr Geheimnis herausfindet. Wir fürchten uns vor ganz verschiedenen Dingen. Wir ekeln uns auch vor ganz verschiedenen Dingen, auch wenn der Ekel immer gleich ausgedrückt wird. Wir sind zum Beispiel reinlich, und wenn jemand stinkt, weil er sich nicht gewaschen hat, dann ekeln wir uns. In anderen Gesellschaften fühlt man dabei keinen Ekel, weil es selbstverständlich ist. Was selbstverständlich ist, ekelt uns nicht.

Über eine spezifische Art von Affekt müssen wir noch gesondert sprechen, das sind Scham und Schande. Sie hängen auf andere Weise mit unserem gesellschaftlichen Wesen zusammen, nämlich im ethischen Sinn. Anders als Ekel und Furcht ist Scham eine Art der ethischen Orientierung. Man schämt sich vor einer moralischen Autorität. Diese moralische Autorität ist unsere Gesellschaft und ihr Blick auf uns.

Wir fühlen Schande, wir schämen uns, wenn andere sehen, dass wir etwas getan haben, was wir nicht hätten tun sollen. Wenn wir nicht getan haben, was die Gemeinschaft für gut befindet, stehen wir vor dem virtuellen Blick unserer Gemeinschaft und erröten. Man weiß, dass wir etwas Schlechtes getan haben, etwas Unethisches gedacht haben: Die anderen schauen in unsere Gedanken hinein. Wir schämen uns auch vor Gott, weil Gott alles sieht.

Hier kommen wir zur These von Simone de Beauvoir, dass die Frau vom Mann nicht nur bestimmt wird, sondern sich selbst mit den Augen des Mannes sieht. Die virtuellen Augen des Mannes bestimmen, ob eine Frau anständig und gut ist oder schlecht. Der Blick des Mannes bestimmt die Frau als gute oder schlechte Köchin, als schön oder nicht mehr schön, als elegant oder nicht, als gute oder schlechte Mutter. Und die Frau schämt sich, weil sie sich dem Blick aller Männer ausgesetzt sieht, nicht nur dem Blick ihres eigenen Mannes.

Jean Paul Sartre sagt in seinem Buch über Antisemitismus, dass auch der Blick des Antisemiten den Juden konstituiert und die Juden sich selbst mit den Augen der Antisemiten sehen: Sie lassen sich von den anderen bestimmen. Auch der Blick der Kolonisatoren eines Landes bestimmt die Menschen, die in den Kolonien leben. Am Ende stimmen sie zu, sie fühlen Scham, wenn sie nicht das tun, was von ihnen erwartet wird. Scham vor einer ethischen und moralischen Autorität, die bestimmt, ob wir das Rechte getan haben oder nicht, ist eine sehr große Macht.

Ursprünglich sind Scham und Schande moralisch, im Lauf der Zeit sind sie zu Vorurteilen geworden. Was die Nachbarn „dazu" sagen, weshalb ich mich vor ihnen schäme, ist die Folge eines Vorurteils. Warum ist es so wichtig, was die Nachbarn sagen? Die Frage, ob die Autorität der anderen ein Vorurteil repräsentiert, ist ein moderner Gedanke. Neben der Autorität des Blicks der anderen besitzen wir noch eine andere Autorität, nämlich unser Gewissen. Unser Gewissen hat eine Stimme, es spricht, aber es sieht uns nicht, es sieht niemanden. Die beiden Autoritäten sind mit ganz verschiedenen sinnlichen Ebenen verbunden: die Scham mit den Augen („Wie kannst du noch in den Spiegel schauen?"), das Gewissen mit der Stimme.

Affekte wie Ekel, Freude, Trauer oder Furcht werden von verschiedenen Faktoren ausgelöst, doch das ist erst der Anfang. Wenn verschiedene Ereignisse oder Taten Furcht oder Scham oder Ekel oder Freude oder Trauer auslösen, dann ändert sich der Affekt selbst. Das Denken über die Situation ist eingebettet in das Gefühl selbst, der reine Affekt wird zum Rohmaterial eines Gefühls.

Wenn ich mich zum Beispiel vor einem Löwen fürchte, ist das eine andere Furcht, als wenn ich mich davor fürchte, dass jemand etwas herausfindet, was ich für mich behalten will, oder wenn ich mich vor der Untreue meines Freundes oder meiner Freundin fürchte. Und es ist wieder eine andere Furcht, wenn ich mich vor der Niederlage meiner Fußballmannschaft fürchte oder vor dem Scheitern in einer Prüfung.

Das Rohmaterial der Affekte ist im Denken über die jeweilige Situation eingebettet: Diese Entdeckung hat schon Aristoteles in seinem Buch über die Rhetorik dargelegt. Will man rhetorisch Abneigung gegen andere Menschen erzeugen, muss man einen Auslöser finden, der ein schlechtes Gefühl gegen andere erzeugt, zum Beispiel aus Zorn Hass machen – ihn in Hass verwandeln.

Hass ist ebenso wenig ein Affekt wie Liebe, denn Liebe ist ein Gefühl. Wir sind mit der Fähigkeit zu lieben geboren, die konkreten Objekte der Liebe können jedoch völlig verschieden sein. Das Gefühl „Ich liebe dich", einen Stern oder einen Ausflug zu lieben, ein Vaterland oder einen Menschen zu lieben, das sind ganz verschiedene Gefühle. Wen oder was ich liebe, gehört zum Gefühl dazu.

Was heißt dagegen, verliebt zu sein? Das ist kein Gefühl, sondern eine Disposition für verschiedene Gefühle: Ist der Geliebte krank, fürchtet man sich. Liebt die Geliebte einen anderen, wird man traurig oder zornig sein. Ganz unterschiedliche konkrete Gefühle können ausdrücken, dass man in jemanden verliebt ist.

Bei den Fragen der Gefühle sind wir schon mitten in den Problemen der Vorurteile. In einer traditionellen Gesellschaft mit einer sehr strikten Wertorientierung kann man keinen Hass gegen jemanden fühlen, den uns die Gesellschaft als Objekt der Liebe präsentiert. Unsere Gefühle sind auch ko-determiniert von den homogenen Werten einer homogenen Gesellschaft, wir haben da keine große Wahl. In heterogenen Gesellschaften – und die moderne Gesellschaft ist absolut heterogen – kann man die Objekte der Gefühle wählen, besonders die Objekte der Gefühlsdispositionen.

Bei der Gefühlsdisposition der Leidenschaft ist die Verschiedenartigkeit, die Vielfalt unserer Gefühle auf ein einzelnes Gefühl konzentriert, und dieses wird sehr intensiv sein. Leidenschaft wird wie alle Affekte ausgelöst, in ihrem Fall geht es um die Verarmung aller anderen Gefühle. Ein einziges ausgelöstes Gefühl ist intensiviert, und wir vergessen alles andere. Wenn man leidenschaftlich verliebt ist, sind Essen und Trinken, Freunde und Arbeit uninteressant.

Leidenschaft ist nicht nur ein reflexives Gefühl, sondern es motiviert uns auch, etwas für oder gegen jemanden zu tun. In der Sache der Leidenschaft verlieren wir den gesunden Menschenverstand, was nicht unbedingt negativ sein muss. In alten Zeiten glaubte man, dass Leidenschaft immer negativ sei. Nach Aristoteles müssten wir zwischen zwei Extremen immer die Mitte wählen und sollten keine starken Leidenschaften haben. Die Alten glaubten, dass wir uns nicht so sehr um äußerliche Dinge kümmern sollten, sondern ihnen kühl gegenüberstehen. Leidenschaft war für sie ein Affront gegen die Götter.

Das ist nicht die Moral der neuen Welt. Leidenschaft ist nicht immer etwas Negatives. Wird über Tragödien oder Romane gesprochen, in denen jemand leidenschaftlich verliebt ist, zum Beispiel Werther, dann wird er nicht negativ beurteilt. Wenn wir etwas in Politik oder Kunst mit ganzem Herzen tun, wird das heute nicht von vornherein negativ beurteilt – außer, wir schaden anderen Menschen.

Noch ein Gefühl muss hier erwähnt werden: das Gefühl der Orientierung. Bertrand Russell hat über das „Ja-Gefühl“ und das „Nein-Gefühl“ gesprochen. Wenn man an einer Straßenecke steht und sich entscheiden soll, wohin man geht, hat man fast immer ein „Ja-Gefühl“ für einen bestimmten Weg. Auch dafür, wo man studieren soll, wen man lieben soll, in welchem Geschäft man einkaufen soll. Dafür gibt es keine Begründung, auch wenn man versucht, eine rationale Erklärung zu finden.

Dieses Orientierungsgefühl kann natürlich täuschen. Kommt es jedoch zu Konflikten, bei denen es rationale Gründe für beide Entscheidungen gibt, wird das Gefühl der Orientierung entscheiden: Dann spricht man von freier Wahl. Wir wählen, geleitet von einem Gefühl der Orientierung. In diesem Sinn ist unsere Wahl nicht determiniert, wir haben frei gewählt.

Individuum und Person

Die Unterscheidung zwischen Individuum und Person ist wesentlich in der Moderne, auch wenn es sie bereits früher gegeben hat. Alle Menschen stellen an sich ein System dar, sie sind unverwechselbare Individuen. Dadurch, dass sie in einer Gemeinschaft leben, sind sie durch diese bestimmt oder bestimmen sich selbst durch diese. Das nennt man die Person.

Wenn ich jemanden frage, was er heute ist, dann wird er oder sie antworten, was er als Person ist: Ich bin eine Frau, Österreicherin, Katholikin, Studentin, Tochter eines Rechtsanwalts, auf dem Land geboren und mehr. Jeder hat einige sogenannte Identitäten seiner Person, die aber nichts über seine Individualität aussagen, auch wenn sie Vorbedingungen dafür sind. Das heißt, die Identitäten spielen eine Rolle in der Entwicklung eines Individuums, sind aber nicht identisch damit.

> *Individualität ist die Geschichte eines Menschen, die Erinnerung über sein Leben. Erinnert man sich an seine Kindheit, hat man fragmentierte Bilder und Erinnerungen an Erlebnisse, Gedanken, Entscheidungen. Wenn man sich über sich selbst Gedanken macht, erzählt man sich sein Leben. Nur ganz kleine Kinder nicht, das tun ihre Eltern für sie. Sie zeigen ein Bild und sagen: „Das warst du, als du zwei Monate alt warst.“ Jeder Mensch erzählt sich seine eigene Geschichte, eine Fiktion, indem er solche Elemente temporalisiert.*

Bedeutende Philosophen haben über diese Frage diskutiert. John Locke sagte als Erster: Wir sind das, was wir erinnern. Das Individuum ist identisch mit seiner Erinnerung. Leibniz hatte damit ein Problem. Er sagte, es gibt Menschen, die eine Amnesie haben und nicht wissen, wer sie sind. Sie haben keine Erinnerung, aber der Nachbar sagt: „Du bist Josef Kaufmann, ich kenne dich, seit du zwei Jahre alt bist." Leibniz fragte, warum nur die Erinnerung die Identität ausmachen solle, viel eher würden Name und Gesicht das Individuum ausmachen. Wir könnten antworten: Name und Gesicht sind nicht das Individuum, sondern die Person. Doch auch das ist nicht ganz korrekt, denn der Name ist zwar nicht einzigartig, das Gesicht aber schon.

Wir sehen unser Gesicht im Spiegel, es ist Teil unserer Individualität. Die Porträts im Kunsthistorischen Museum zeigen das: Gesicht und Hände repräsentieren das Individuum. An einem Porträt kann man erkennen, was für ein Mensch dargestellt wurde. Natürlich gibt es symbolische Porträts, zum Beispiel von Königen, bei denen die Differenzierung zwischen Individualität und Person sehr wichtig ist. Wenn wir ein Porträt von Rudolf I. oder Karl V. betrachten, ist das nicht das Porträt des Individuums, sondern das Porträt der Person. Das Objekt des Gemäldes ist diese Person als König. Wenn ein gemeiner Mensch porträtiert wird oder Rembrandt sich selbst porträtiert, kann man sagen, dass der Mensch seine Individualität oder die Individualität des anderen ausgedrückt hat.

Gibt es überhaupt eine einzige Individualität? Ich komme zurück zum Problem, dass wir nicht einen Menschen, sondern mehrere „Selbste" in uns haben. Ein Mann geht mit seiner Mutter in die Oper und schämt sich, weil sie ihre bäuerliche Tracht trägt. Er weiß, dass es nicht in Ordnung ist, dass er sich schämt, sein Gewissen sagt ihm, dass es nicht recht ist. Trotzdem tut er es – weil er ein anderer geworden ist.

Man kann sehr viele Gemälde von einem Menschen malen: Sie werden verschieden sein, obwohl man erkennen kann, dass es um denselben Menschen geht. Wir können uns selbst nicht wirklich kennenlernen, auch den anderen nicht. Wir können das Individuum als ein System nicht kennenlernen, nur etwas, vielleicht wenig, vielleicht viel von diesem Individuum.

Warum ist das so? Wie schon gesagt, sind hier Emotionen im Spiel. Menschen handeln in verschiedenen Situationen verschieden. Manchmal finden sie sich in einer Situation, in der sie so handeln, wie sie sich das vorher nicht vorstellen konnten. Sie haben außerhalb ihres Charakters gehandelt und erkennen sich selbst nicht mehr: „Das bin nicht ich, der hier handelt, das ist jemand anderer: Ich bin ein anderer."

Stefan Zweig hat eine wunderbare Novelle über eine Nacht geschrieben, in der eine sehr ordentliche, nette, großbürgerliche Frau eine jungen Mann trifft, der beim Roulette verloren hat und verzweifelt ist. Um ihn zu retten, geht sie mit ihm ins Bett. Sie hatte sich das überhaupt nicht vorstellen können, auch nachdem es passiert ist, versteht sie es nicht. Es ist eine verrückte Nacht, sie war noch nie in einer solchen Situation, sie hat außerhalb ihres Charakters gehandelt.

Wir haben zwei moralische Autoritäten: das Gewissen und die Schande. In nicht moralischer Weise haben wir allerdings viel mehr Schichten in unserer Persönlichkeit. Ohne dass es uns bewusst wäre, sind sehr viele Persönlichkeiten in uns, und in ungewohnten Situationen kann es passieren, dass wir ungewöhnlich handeln.

Noch ein Wort zu den Affekten. Welche Menschen sind tapfer? Tapfer ist nicht der Mensch, der sich nicht fürchtet, das wissen wir schon seit Aristoteles. Tapfer ist ein Mensch, der sich dann fürchtet, wenn er sich fürchten soll, zum Beispiel vor der Schande. Wir sollen uns vor Missetaten fürchten oder davor, dass wir einander vielleicht Böses antun. Moralische Furcht empfinden. Nur im Krieg dürfen wir uns nicht vor dem Feind fürchten, sonst werden wir feige sein, nicht tapfer.

> *Es gibt keinen Menschen, der in allen Situationen zu jeder Zeit tapfer ist. Es gibt sehr tapfere Soldaten im Kampf, die zu Hause feige sind. Es gibt tapfere Leute in der Politik, die im privaten Leben feige sind, und umgekehrt. Tapfer ist ein Mensch, wenn er nicht in allen, aber doch in den meisten Situationen tapfer ist. Er kann ja auch gar nicht wissen, welche Situationen noch auf ihn zukommen, in denen er sich vielleicht feige verhält.*

Das trifft auf alle Tugenden und Laster zu: Man kann tugendhaft sein, man kann jedoch nie wissen, wann sich eine Situation ergibt, in der man nicht gemäß seiner Tugend handeln kann und wird.

2. Gesellschaftliche und psychologische Voraussetzungen von Vorurteilen

Stratifikation und Funktion

Niklas Luhmann unterscheidet Formen der Differenzierung in Gesellschaftssystemen: darunter die stratifikatorische und die funktionale Differenzierung.

Was ist eine Gesellschaft, die auf Stratifikation begründet ist? Wenn ein Mensch in die Welt kommt, kommt er in eine konkrete Welt, in eine konkrete Schicht einer strukturierten Gesellschaft. Es gibt zum Beispiel Einwohner und Gäste, Frauen und Männer, Bürger und Adelige, Meister und Leibeigene und viele andere Schichten, in die man hineingeboren wird. Sohn oder Tochter eines Leibeigenen ist ein Leibeigener oder eine Leibeigene, Sohn oder Tochter eines Grafen wird Graf oder Gräfin sein, Sohn oder Tochter eines Bürgers ist als Bürger oder Bürgerin geboren.

> *In einer stratifizierten Gesellschaft wird man nicht allgemein als Mensch geboren, sondern in eine bestimmte Schicht. Auch ob Frau oder Mann, ist in diesem Sinn keine Frage des Geschlechts, sondern der gesellschaftlichen Stratifikation. Weil eine Frau als Frau geboren ist, muss sie ihr ganzes Leben bestimmte Funktionen ausüben. In einer stratifizierten Gesellschaft hängt die Funktion von dem Ort ab, in den man hineingeboren wurde. Er bestimmt die Notwendigkeit, das „Schicksal“ eines Menschen.*

Von allen wird anerkannt, dass die Geburt das Schicksal bestimmt. Kein Leibeigener sagt, er hätte als König geboren werden können – das wäre Unsinn.

Es gibt eine geringe Mobilität, besonders im Mittelalter, vor allem durch die Kirche, vielleicht in der Armee, doch in stratifizierten Gesellschaften bleibt sie die Ausnahme. Alle nehmen die Normen und Regeln als selbstverständlich an, daher gibt es auch keine Vorurteile. Alles ist von Natur gegeben, von Gott oder von den Göttern. Es ist so, wie es ist, es kann nicht anders sein.

Die Lebenszeit war früher kurz, noch zu Beginn der Moderne lebten die Menschen nur 30 bis 40 Jahre. In dieser Zeitspanne konnte man den Wechsel, die Veränderung einiger Normen und Regeln nicht fühlen. Alles verändert sich, auch in stratifizierten Gesellschaften, jedoch sehr langsam, sodass man es innerhalb einer Generation nicht wahrnehmen konnte. Die Orientierungswerte, die man als Teil einer solchen Gesellschaft bekam, waren allgemein anerkannt. Was gut war, gerecht war und schön war, das stand in einer solchen Kultur für alle fest.

Was versteht man überhaupt unter Kultur? Zunächst gibt es den anthropologischen Begriff der Kultur. In diesem Sinn ist Kultur die Summe der Gewohnheiten, Sitten und Gebräuche einer Gesellschaft, zusammen mit ihren Werten, ihren Regeln, ihrem Glaubensbekenntnis, ihrer Spiritualität. Alle Gesellschaften haben eine solche Kultur. Jede Gemeinschaft, jede Gruppe, jede Sippe, jeder Stamm hat eine eigene Kultur. Die Anthropologie spricht auch von Jugendkultur, Gettokultur, schwarzer Kultur in Chicago oder weißer Kultur in Afrika.

Ein anderer Begriff geht von der Konzeption des „kultivierten Menschen" aus. Man stellt die Frage nicht nur über die Gruppe, sondern auch darüber, warum einige Menschen als kultiviert angesehen werden können und andere nicht. Hannah Arendt war zu Recht der Ansicht, dass man diesen Begriff zum ersten Mal für die römische Kultur anwenden kann. Kultivierte Menschen in Rom sprachen Griechisch, sie kannten die griechischen Autoren, Philosophen und Dramen. Die griechische Kultur stand für sie höher als die lateinisch-römische. Sie waren kultiviert, weil sie andere Kulturen höher stellten als sich selbst.

Kulturen, die im anthropologischen Sinn verschieden sind, können miteinander in ein Verhältnis treten. Dann kann sich herausstellen, dass eine von ihnen überlegen ist. In diesem Verständnis gibt es kultivierte Menschen, die eine Kultur annehmen, die man in ihrer Welt als überlegen anerkennt.

Kulturelle Gemeinschaft

Kulturelle Gemeinschaften sind nicht völlig isoliert voneinander, sie haben Freunde und Feinde. Es gibt immer die anderen, es gibt nicht nur „uns". Die Feinde sind normalerweise sogenannte natürliche Feinde, also traditionell als solche anerkannt, und sie werden als ebenbürtig angesehen. Die gesamte alte Geschichte handelt von natürlichen Feinden: Troja für die Griechen, Karthago für die Römer. Und sie handelt von Freunden, die Verbündete im Krieg sind.

Kriege sind sehr wichtig, bis heute gibt es keine Gesellschaft ohne Kriege. In der traditionellen Gesellschaft wurde immer Krieg geführt. Solange der andere kämpfte, wurde er als ebenbürtig anerkannt. Erlitt er eine Niederlage, hatte die siegreiche Kultur ihre Überlegenheit bewiesen: die Griechen gegenüber Troja, Rom gegenüber Karthago.

> *In traditionellen Kulturen gibt es keine Kriegsgefangenen, die Besiegten werden entweder versklavt oder getötet. Hat eine Gesellschaft eine endgültige Niederlage erlitten, kann man sie ausrotten. Der Genozid ist natürlich – er ist der natürliche Ausgang der Geschichte, auch die Weltliteratur fängt mit einem Genozid an. In Troja wurden alle Männer getötet, alle Frauen entweder vergewaltigt oder getötet.*

Wer das Glück hatte, zu überleben, passte sich sehr schnell der siegreichen Kultur an. Die Assimilierten gaben ihre Götter auf, ihre Sprache, ihre Gewohnheiten. Sie nahmen die Gewohnheiten und Götter der Sieger an, insbesondere die höheren Schichten der Gesellschaft. Die größte Welle der Assimilation gab es nach Alexander dem Großen. Alle Völker, die unter ihm und seinen Nachfolgern erobert wurden, haben sich der griechischen Kultur assimiliert: mit Männern, die nackt baden, mit Amphitheatern, mit der Sprache.

Die Sprache spielt eine führende Rolle bei der Assimilation. Sie ist eines der grundlegenden Medien des Verstehens. Wenn zwei Menschen miteinander sprechen, wenn wir darüber reden, dass sie einander verstehen, dann geht es um Zweierlei: erstens, dass einer versteht, was der andere sagt, und zweitens, dass der Mensch versteht, warum der andere sagt, was er sagt (ob er einverstanden ist oder nicht, das ist eine andere Frage). Innerhalb einer Kultur wird vorausgesetzt, dass wir den anderen bis zu einem gewissen Punkt pragmatisch verstehen, also mit Bezug auf unsere Handlungen.

Warum der andere sagt, was er sagt, kann schon in traditionellen Gesellschaften ein Problem sein. Es gibt Grenzen des gegenseitigen Verstehens: die Motivation der anderen. Diese wird in traditionellen Gesellschaften im Allgemeinen vorausgesetzt. Man glaubt, dass es allgemeine Motivationen gibt, und der andere sagt, was er sagt, weil es sie gibt. Ist man dabei unsicher, empfindet man Unbehagen:

> *Es ist unheimlich, wenn man den anderen nicht versteht, doch es ist noch unheimlicher, wenn man nicht versteht, warum er sagt, was er sagt. Es ist unheimlich, wenn man nicht weiß, ob der andere lügt oder uns verführen will.*

Dieses unheimliche Gefühl empfinden traditionelle Gesellschaften im Verkehr mit anderen traditionellen Gesellschaften. Es ist ein Problem des Verstehens. Man versteht den anderen nicht, weil man seine Sprache nicht versteht – und das ist unheimlich. Auch heute gibt es Leute, die es als unheimlich empfinden, wenn sie andere in einer anderen Sprache sprechen hören. Sie wissen nicht, worum es geht, womöglich spricht man über sie? Sie verstehen die Welt nicht mehr.

Man versteht nicht, was der andere meint, was er im Kopf hat, warum er sagt, was er sagt, weil die Kultur des anderen im anthropologischen Sinn verschieden ist, weil die Gebräuche anders sind. Vielleicht haben die Wörter, die wir von einem Übersetzer hören, in ihren Kulturräumen eine andere Intention als in unseren Kulturen?

Innerhalb der Gruppe ist die Sprache das Medium des Verstehens und auch der Kausalität: Wir können voraussetzen, warum der andere sagt, was er sagt. In fremden Kulturen ist es nicht sicher, was die anderen mit ihrem Text beabsichtigen, auch wenn er übersetzt wird. Damit die Menschen verschiedener Kulturen sich miteinander verständigen können, haben sie nichts anderes als die Affekte: Sie sind universell, sie sind die einzige gemeinsame Sprache aller Kulturen. Deshalb lächeln wir: Der andere soll das als Ausdruck der Freundlichkeit sehen.

Das Problem des Verstehens, was der andere gesagt hat und warum, ist eine der Vorbedingungen für Vorurteile. Vorurteile haben damit zu tun, dass wir von den anderen etwas voraussetzen, ohne es zu wissen, und dass wir daraus urteilen, ohne den anderen zu verstehen. Das Problem des Nichtverstehens ist so alt wie die Menschheit, aber dass wir so urteilen, vor unserem Wissen urteilen, womöglich negativ, ist ein Phänomen der Moderne.

Im Alltag handeln wir pragmatisch, das heißt, wir müssen nicht wissen, warum etwas existiert, um zu wissen, wie man damit umgeht. Diese Pragmatik kann gefährlich sein, wenn es um Vorurteile geht. Dann nimmt man ein vorhandenes Urteil, das im pragmatischen Sinn nützlich sein kann, für andere Menschen aber auch gefährlich werden kann.

Über-Verallgemeinerung und Stereotype

Ohne Über-Verallgemeinerung und Stereotype können wir nicht leben. Das heißt, wir haben einige Meinungen über Menschen, die uns helfen, sie als Typen zu identifizieren, allerdings nicht als Menschen, denn Menschen sind verschieden. Ebenso identifizieren wir einen Typus der Gesellschaft, nicht eine konkrete Gesellschaft, denn sie sind alle verschieden. Eine solche Typologie, solche Typen, die Max Weber „Idealtypen" genannt hat, sind Über-Verallgemeinerungen, eine Schematisierung der Verhältnisse und des menschlichen Zusammenlebens, die wir später als Vorurteile erkennen werden.

Über-Verallgemeinerungen wenden wir alle an. Als Kinder haben wir gelernt, dass wir krank werden, wenn wir überhitzt sind und etwas Kaltes trinken, obwohl das meist gar nicht zutrifft. Wir alle haben Erfahrungen, die man verallgemeinern, aber nicht auf alle Fälle anwenden kann. Genau das tun wir aber, weil sie pragmatisch sind und nützlich erscheinen.

Oft sagen die Männer, dass sie die Frauen nicht verstehen, und die Frauen, dass sie die Männer nicht verstehen. Beide Geschlechter haben allgemeine Vorstellungen vom anderen Geschlecht, auch heute noch. Das sind Über-Verallgemeinerungen, und es sind auch Vorurteile, wenn man sie auf konkrete Fälle anwendet.

Solche Über-Verallgemeinerungen oder Typisierungen findet man zum Beispiel in Witzen. Es gibt typische Figuren, die in Witzen bestimmte Funktionen ausüben. Wenn wir einen Namen hören, wissen wir oft schon, über welchen Charakter wir sprechen. Deutsche machen Witze über Franzosen, Franzosen über Deutsche, Engländer über Deutsche, Ungarn über Aristokraten oder Juden usw. Die Charaktere der Witze sind natürlich Über-Verallgemeinerungen, und wir wissen, welche Rolle sie spielen: Hören wir das Wort „Schotte", fällt uns „Geiz" ein.

Wir wenden verschiedene Schemata an, um etwas zu verstehen. Hier geht es nicht allein um Vorurteile, sondern auch um den Wunsch, die Welt zu verstehen, sich in ihr zu orientieren. Dabei helfen uns Über-Verallgemeinerungen. Auch die Wettervorhersage ist eine solche, sie hat aber mit Vorurteilen nichts zu tun.

Wir fragen immer nach dem Warum. In allen möglichen Fällen wollen wir wissen, warum etwas geschehen ist. Deswegen stellen wir uns auch manchmal vor, dass jemand uns durch seinen oder ihren Willen Schaden zugefügt hat. Der Schwiegervater von Othello konnte sich nicht vorstellen, dass seine Tochter Desdemona in einen Farbigen verliebt sein könnte. Jemand musste sie absichtlich verdorben haben – und das mithilfe von Zauberei.

Wenn wir krank sind und das Wasser faulig schmeckt, glauben wir, dass jemand unseren Brunnen vergiftet hat. Es kann nicht einfach so passiert sein, es muss einen Schuldigen geben. Wir setzen einen Willen voraus, weil dies die einfachste kausale Erklärung ist. Wenn etwas passiert und wir die natürlichen Ursachen nicht aufdecken können, muss ein menschlicher oder göttlicher Wille dahinterstecken.

Auch Wunder geschehen nicht von selbst, sie werden von Wesen getan. Unsere Feinde starben, weil jemand sie vergiftet hat, unsere Freunde siegten, weil ihnen jemand den Sieg verliehen hat. Ein Gott schleudert Blitze, ein anderer schützt die Ernte, wieder ein anderer schenkt uns schöne Kinder. Alle Götter haben eine Funktion, die sie für uns ausführen. Sie sind die Gründe dafür, dass wir Kinder haben oder keine, einen Sohn oder eine Tochter. Immer steht ein Wille hinter dem, was wir nicht vorausgesehen haben.

Assimilation, Dissimilation und kulturelles Gedächtnis

Assimilation ist normalerweise die Angleichung an eine höhere Kultur oder an eine, die sich als höhere Kultur sieht, zum Beispiel die griechische Kultur der Antike. Aber eine Dissimilation bleibt möglich. So sprachen etwa die Judäer alle Griechisch, auch während der römischen Besatzung. Auch Ägypten hat sich von der griechischen Kultur dissimiliert und ist zu seiner eigenen kulturellen Tradition zurückgekehrt.

> *Kulturelle Erinnerung und Schriftlichkeit spielen dabei eine wichtige Rolle. Wenn einige Schichten einer Gesellschaft lesen und schreiben können, wenn es eine lesbare und interpretierbare Überlieferung gibt, können sich die führenden Schichten auf die Erinnerung berufen. Dann kann es zu einer Dissimilation kommen wie in Ägypten. Kulturen, in denen es keine schriftliche Tradition gibt, können sich sehr selten dissimilieren, sie werden im Gegenteil sehr leicht assimiliert.*

Die germanischen Völker, die das römische Reich okkupierten, waren kulturell unterlegen und assimilierten sich an die römisch-christliche Kultur, allerdings nicht zu hundert Prozent. Jan Assmann hat sehr schön gezeigt, dass polytheistische Gesellschaften sehr gut in der Assimilation waren, weil die Götter einander ähneln. Das gilt für die griechischen, die römischen und auch für die ägyptischen Götter: Man konnte einen Gott durch einen anderen ersetzen. Doch das monotheistische Christentum konnten die Germanen nicht so leicht in ihre eigene Kultur übertragen. Die Überreste der polytheistischen Religionen blieben nur im „Aberglauben" erhalten.

Zu unserer kulturellen Welt gehört das schriftliche und mündliche Gedächtnis. Wir erkennen es als wahr an, das ist an sich kein Vorurteil. In den verschiedenen Sphären des Denkens und Schaffens gibt es verschiedene Kriterien der Wahrheit. In den modernen Wissenschaften ist ein Urteil nur dann wahr, wenn es falsifizierbar ist. Für die Wahrheit in der Kunst trifft das nicht zu: Hält man ein Kunstwerk für wahr, ist das eine Verallgemeinerung eines subjektiven Urteils. Man empfindet das Kunstwerk als schön, man sagt, es ist schön, und das ist eine geoffenbarte Wahrheit. Alle religiösen Wahrheiten sind geoffenbarte Wahrheiten, das heißt, sie sind wahr, unabhängig davon, ob man sie falsifizieren kann oder nicht. Sie sind normalerweise innerhalb der Religion nur verifizierbar, nicht falsifizierbar. Dasselbe gilt für philosophische Wahrheiten, auch diese sind nicht falsifizierbar.

Wahrheiten sind in verschiedenen Schichten des Denkens und Schaffens ganz verschieden. Es ist kein Vorurteil, wenn man sagt, ein Bild sei schön. Auch wenn andere sagen, man habe einen schlechten Geschmack, tut das dem eigenen Urteil keinen Abbruch. Das Bild wird deswegen für einen selbst nicht hässlich.

So ist es auch in der Philosophie. Ist jemand ein Kantianer, dann ist für ihn Kant der größte Philosoph der Welt. Sagt ein Hegelianer, Kant habe vieles nicht richtig verstanden, Hegel sei viel besser, wird das den Kantianer nicht stören.

Verstehen und Sicherheit

Wenn wir das Gefühl haben, die Welt nicht zu verstehen, entsteht Angst. Wenn wir andere Menschen nicht verstehen, ängstigen wir uns. Wenn wir nicht verstehen, ob jemand die Wahrheit sagt oder lügt, ob jemand ein guter Freund ist oder uns betrügt, dann fühlen wir Unsicherheit und wollen „die Wahrheit“ wissen. Hier geht es nicht um philosophische, künstlerische oder religiöse Wahrheit, sondern um eine existenzielle Wahrheit: Wir wollen etwas wissen, was für unser Leben wichtig ist. Wenn wir zum Arzt gehen und Angst haben, dass wir sterben müssen, dann sagen wir: „Herr Doktor, sagen Sie mir die Wahrheit!“

Die Wahrheit wissen zu wollen, ist eine existenzielle Fragestellung, und Unsicherheit ist ein psychologisches Problem. Wenn wir unsicher sind, nehmen wir Urteile an, die wir nicht geprüft haben und die vielleicht unprüfbar sind, um Sicherheit zu empfinden. Erich Fromm hat ein Buch geschrieben mit dem Titel „Die Furcht vor der Freiheit". Die Menschen fürchten sich vor der Freiheit, denn Freiheit heißt Verantwortung tragen und Freiheit bedeutet Unsicherheit.

> *Hat man keine Freiheit, ist man sicher: Man weiß, was wahr ist, man weiß, was recht ist, man braucht nicht zu wählen oder nachzudenken, denn andere haben das Denken für einen übernommen. Wenn wir ein Vorurteil annehmen, dann denken andere für uns, wir prüfen diese Vorurteile nicht, weil es bequem und sicher ist, mit dem Kopf von anderen zu denken. Das verleiht uns Stabilität.*

Skepsis bringt Unsicherheit mit sich. Wenn wir entdecken, dass etwas nicht der Fall ist, was wir für sicher gehalten haben, dann verlieren wir unsere Kenntnis der Welt, dann kennen wir die Welt nicht mehr. Das ist ein Satz aus Hebbels Drama „Maria Magdalena". In diesem Stück wird ein Mädchen schwanger, was in den Augen ihres Vaters die größte Sünde ist. Am Ende hat sein Vorurteil tödliche Konsequenzen, und er sagt: „Ich verstehe die Welt nicht mehr." Wie konnte es passieren, dass sein Vorurteil so entsetzliche Folgen hatte?

Jeder hat schon erlebt, dass er unsicher geworden ist, ob er nicht seine Sicherheit im Leben verliert. Furcht vor Freiheit zum Beispiel ist die Furcht, die Konvention zu verlieren, denn damit verliert man seine Sicherheit. Die Konvention sagt uns, was recht ist und was nicht. Sie sagt uns, was zu tun ist und wie wir urteilen sollen. Wenn wir das verlieren, wenn man uns sagt, es kann so sein, es kann aber auch anders sein, wenn man uns sagt, dass unsere Tradition nicht gut ist, dass unsere Wahrheit nicht wahr ist, wie können wir uns in dieser Situation orientieren?

Unsicherheit ist eine der psychologischen Vorbedingungen dafür, dass Menschen so viele Vorurteile haben. Vorurteile geben uns Sicherheit. Wir wissen, was wir über Franzosen oder Engländer denken, was wir über Frauen und Männer denken, was wir über verschiedene Rassen oder Kulturen denken.

Auch der sogenannte kulturelle Relativismus, die Idee, dass verschiedene Kulturen gleich wichtig, interessant und gut sein können, verursacht Angst. Wenn eine andere Kultur, eine andere Handlungsweise ebenso gut ist wie unsere, wenn die Götter der anderen ebenso anziehend sind wie unsere, die Dichtung der anderen ebenso schön ist wie unsere, was sind wir dann? Dann können wir uns nicht mit unserer eigenen Kultur identifizieren – sie ist relativ. Das kann man negativ oder positiv auffassen, in der Aufklärung war dies eine zentrale Frage. Die europäische christliche Kultur und Moralität wurde relativiert.

Flucht vor der Verantwortung

Alle Menschen wollen gut sein. Außer Shakespeares Richard III. kenne ich niemanden, der beschlossen hat, ein Bösewicht zu sein. Menschen glauben, dass sie gut sind, dass sie besser sind als die anderen. Wenn sie etwas Schlechtes tun, geschieht dies nur deswegen, weil andere sie überredet haben oder weil sie es wegen anderen getan haben: Immer sind andere verantwortlich, nicht man selbst. Das ist die Abschiebung der Verantwortung – und auch eine psychologische Grundbedingung der Vorurteile.

Haben wir zum Beispiel etwas gesagt, was schlimme Folgen hat, können wir dann sagen, dass wir für diese Konsequenzen verantwortlich sind? Aristoteles hat diese Frage so beantwortet, dass wir für vorhersehbare Folgen verantwortlich seien. Doch die Menschen wollen keine Verantwortung haben, auch nicht für die vorhersehbaren Konsequenzen einer Handlung. Sie wollen gut sein: „Wir haben nichts Böses getan, das waren die anderen!"

Kierkegaard hat gesagt: „Unschuld ist Unwissenheit." Nur der Unwissende ist unschuldig. Wer etwas weiß, der weiß auch von seiner eigenen Schuld. Menschen mit Vorurteilen sind in diesem Sinn unwissend: Sie glauben, dass sie etwas wissen, obwohl sie es nicht wissen. Ihr „Wissen" ist kein Wissen.

Menschen sind gebrechliche Kreaturen und das Leben ist eine sehr schwere Arbeit: Man muss es überleben. Sehr oft haben wir das Gefühl, dass es im Leben Konflikte gibt, denen man nicht ins Auge sehen möchte. Menschen möchten sich ihr eigenes Leben leichter machen, und Vor-Urteile schaffen das. Es ist leichter, das Gefühl zu haben, wir hätten immer das Rechte getan, wir seien immer ordentlich und gut gewesen. Falls wir etwas Schlechtes getan haben, haben wir die anderen um Verzeihung gebeten. Das heißt, wir können uns mit uns selbst identifizieren.

Identität

Wir haben zwei verschiedene Identitäten: Die persönliche Identität ist die Gruppenidentität, zum Beispiel als deutsche protestantische Studentin an einer bestimmten Universität. Die individuelle Identität hat mit der Einzigartigkeit der eigenen Person zu tun, sie stützt sich auf unser Gedächtnis. Wenn wir uns an das erinnern, was wir getan haben oder was man mit uns gemacht hat, präsentieren wir diese Erinnerungen als Erzählungen für uns selbst und für die anderen. Dabei wollen wir immer besser erscheinen, als wir sind.

Die Zusammenstellung der verschiedenen Erinnerungen erfolgt teleologisch: Wir, die wir die Geschichte erzählen, sind das Ziel, und wir möchten uns selbst immer in einem besseren Licht zeigen, als die anderen uns sehen. Auch dies ist eine Vorbedingung für Vorurteile. Wir sehen uns selbst nicht in derselben Weise wie die anderen, und wir sehen die anderen nicht in derselben Weise, wie die anderen sich selbst sehen. Das trifft auch auf Gruppenkulturen zu. Ein Franzose wird über Franzosen nicht so denken wie die Engländer – vielleicht besser oder schlechter, aber nicht genauso. Und eine Frau wird nicht so über die Frauen denken wie die Männer und umgekehrt. Das ist auch persönlich so:

> *Ich denke über mich nicht in derselben Weise wie andere Menschen, und die anderen denken über sich nicht so wie ich. Das ist ein Vor-Urteil: Wir beurteilen uns selbst meist schöner als die anderen, allerdings nicht immer. In Rousseaus Autobiografie fällt auf, dass er sehr viel lügt, aber in einer Weise, dass er schlechter dasteht, als er wirklich war. Dass er als Bub so viel gestohlen hat, macht ihn interessant. Auch die Geschichte eines Landes und einer Kultur kann auf diese Weise erzählt werden.*

Wir Ungarn zum Beispiel haben mit vielen Ländern Gemeinsames in der Geschichte, doch über dieselben historischen Ereignisse steht in slowenischen, slowakischen, serbischen, vielleicht auch österreichischen Schulbüchern etwas ganz anderes als in ungarischen. Die Schüler lernen über dieselben Ereignisse, Kriege und Friedensschlüsse ganz verschiedene Dinge. Auch das hängt mit den Vorurteilen zusammen. Auch Völker sehen sich selbst in einem anderen Licht als die anderen Völker.

Wozu hier das Vorurteil? Dient es der Selbstsicherheit? Wollen wir einfach keine schlechten Menschen sein? Diese Fragen sind sehr tief in unserer persönlichen Psyche verankert. Wenn ein Ehepaar über einen Konflikt streitet, dann erinnern sich Mann und Frau auf verschiedene Weise daran. Sie können über dieselben Konflikte ganz verschiedene Geschichten erzählen. Beide haben das psychologische Bedürfnis, die Selbstidentität zu bewahren. Damit ist hier nicht die persönliche, sondern die individuelle Identität gemeint.

Auch Gemeinschaften haben individuelle Identitäten, ihre eigenen Geschichten, ihre eigenen Erinnerungen und Mythen, und diese individuelle Erinnerung ist eine andere Erinnerung, wenn es um die Beziehungen zu anderen Völkern geht. Deutsche und Franzosen haben über den preußisch-französischen Krieg wahrscheinlich verschiedene Erinnerungen. Liest man Maupassant, liest man die französische Erinnerung, doch sicher gibt es auch Erinnerungen aus deutscher Sicht.

Hier erkennen wir eine wichtige psychologische Vorbedingung der Vorurteile: Wir haben das Bedürfnis, uns mit uns selbst zu identifizieren. Wir wollen keine gespaltene Identität, sondern eine einheitliche – so einheitlich wie nur möglich, um leben zu können. Man kann sagen, die Menschen belügen sich selbst, aber ich würde in diesem Zusammenhang nicht von Lüge sprechen.

Von Lüge sprechen wir dann, wenn wir etwas wissen und etwas anderes sagen, weil wir bestimmte Interessen haben. Falls wir uns selbst belügen, was sehr oft der Fall ist, geht es um Unterstützung unserer individuellen Identität. Natürlich ist es sehr gefährlich, sich selbst zu belügen, man kann es jedoch nicht ganz vermeiden.

Traumen

Eine weitere psychologische Vorbedingung für Vorurteile ist das Trauma. Es gibt persönliche Traumen und kollektive Traumen. Persönliche Traumen sind Erschütterungen, die man nicht vergessen kann, obwohl man sie vergessen möchte. Ein gesellschaftliches Trauma ist zum Beispiel die Niederlage in einem Krieg. Auch der Holocaust ist ein Trauma. Das Problem bei allen Traumen ist, dass die Selbstidentität erschüttert ist oder sich verändert hat.

Die Menschen wollen persönliche Traumen vergessen. Das bedeutet, dass sie einen wesentlichen Aspekt der eigenen Identität vergessen wollen, denn das Trauma gehört zum Individuum. Wenn wir ein Trauma erleben, gehört es zu unserem individuellen Wesen und wir müssen es verarbeiten. Und das fängt mit der Erzählung an. Kann man über ein Trauma nicht sprechen, dann führt das in eine persönliche Katastrophe mit psychotischen Folgen. Die Trauma-Erzählung ist der erste Schritt zur Trauma-Aufarbeitung.

In „Don Giovanni“ wird Donna Anna beinahe von Don Giovanni vergewaltigt. Sie erleidet ein Trauma und kann darüber nicht sprechen. Als sie Don Giovannis Stimme hört, erzählt sie ihre Geschichte. Das ist der erste Schritt, um ihr Trauma aufarbeiten zu können. Donna Anna macht aber nur diesen Schritt, den zweiten, nämlich ihre Angst vor der Sexualität zu überwinden, kann sie nicht machen. Deshalb will sie Don Ottavio nach wie vor nicht heiraten. Die Überwindung der Folgen des Traumas ist der zweite Schritt zur Trauma-Aufarbeitung.

Die Verarbeitung eines Traumas kann auch eine Voraussetzung für Vorurteile sein. Man kann ein Trauma ehrlich oder unehrlich aufarbeiten, die Trauma-Erzählung kann ehrlich oder unehrlich sein. Man kann versuchen, das Ereignis so zu erzählen, wie man sich erinnert. Man kann das Erlebnis aber auch unaufrichtig erzählen, zum Beispiel anderen Gesten oder Willensäußerungen zuschreiben, die nicht passiert sind. Das kommt sehr oft vor, auch in kollektiven Traumen.

Für Österreich war es beispielsweise ein Trauma, dass es nach dem Zusammenbruch der Habsburger-Monarchie so ein kleines Land wurde. Diese Trauma-Erzählung hat sich mit dem Vorurteil verbunden, dessen Konsequenz die Dollfuß-Regierung war: der österreichische katholische Faschismus. Auch dabei wurde das Trauma-Erlebnis nicht in einer wahrheitsgetreuen Weise erzählt. Wenn die Erzählung eines Traumas falsch ist, dann wird auch seine Verarbeitung schlechte Folgen haben: Es wird die Geburtsstätte verschiedener Vorurteile sein. Dies gilt für persönliche ebenso wie für gesellschaftliche Traumen.

Wir wollen nicht im Unrecht sein, wir wollen keine Verantwortung tragen, die Verantwortung sollen andere übernehmen. Wir sind immer rein, und die anderen sind immer schmutzig. Auf dieser Basis entstehen Vorurteile und verfestigen sich.

Einbildungskraft und Projektion

Eine weitere psychologische Vorbedingung für Vorurteile ist die Einbildungskraft. Der Mensch ist mit der Fähigkeit geboren, zu denken und zu sprechen. Wir sind Menschen, weil wir denken: Das Denken ist die Charakteristik der menschlichen Rasse. Der Wille ist eine Art des Ausdrucks des Denkens und der Zielsetzung. Nur denkende Wesen setzen sich Ziele, die Fähigkeit zur Projektion gehört zum Denken. Deswegen können wir Ziele setzen und Mittel wählen, um diese Ziele zu erreichen.

Wenn wir von Einbildungskraft sprechen, sprechen wir dann auch über das Denken? Es gibt vielleicht eine Apriori-Fähigkeit, mit der wir geboren sind, die man Einbildungskraft nennen kann. Sie ist nicht identisch mit konzeptuellem Denken in Begriffen. In der ersten Version seiner Kritik der reinen Vernunft sprach Kant von Einbildungskraft als einer Apriori-Fähigkeit: Sie ist bereits vor der ersten persönlichen Erfahrung da.

Wir sind mit der Fähigkeit des logischen Denkens geboren, wir denken in Kategorien, der Satz der Identität ist für uns im Denken gültig – all das ist apriori, also vor unserer Geburt, als Fähigkeit in uns angelegt. Ebenso sind wir mit Einbildungskraft geboren. Das lässt sich leicht zeigen: Wir alle träumen.

In Träumen sind die Kategorien der Begriffe nicht gültig. Dort gibt es weder Zeit noch Raum, keine Zeitlichkeit im Sinn des bewussten Lebens. Wir können zum Beispiel mit Leuten sprechen, die seit 500 Jahren tot sind, wir können zur selben Zeit an ganz verschiedenen Orten sein, der Ort kann sich während des Traumes verändern.

Das begriffliche Denken, dass A A ist und B nicht A, ist im Traum außer Kraft gesetzt. Ein Stuhl ist ein Stuhl oder kein Stuhl, im bewussten Leben gibt es keine dritte Möglichkeit, anders können wir nicht denken.

Doch im Traum sind die logischen Formen, die das begriffliche Denken kennzeichnen, nicht präsent. Dort kann ein Stuhl auch ein Baum sein und Feuer auch Wasser. Auch die begrifflich festgelegten Naturgesetze sind nicht gültig. Man kann aus einem Flugzeug fallen und trotzdem nicht sterben. Das Gesetz der Identität und des Gegensatzes, Zeit und Raum gibt es nicht.

Im Traum gibt es auch keinen Unterschied zwischen den logischen Kategorien: Wahrscheinlichkeit, Sicherheit, Wirklichkeit, Möglichkeit unterscheiden sich im Traum nicht. Es gibt keinen Unterschied zwischen Zufall und Notwendigkeit. Im Traum wirkt die Einbildungskraft. Die Fantasie schafft unsere Träume, deshalb kann dort alles passieren: Tote können lebendig sein und wir können mit Gott sprechen. Als Nichtschwimmer können wir schwimmen und wir verbrennen im Feuer nicht.

Denken und Einbildungskraft können sich miteinander verknüpfen. Was die Einbildungskraft produziert, kann unser Denken übernehmen, und was das Denken produziert, wird von der Einbildungskraft übernommen. Was heißt das für die Vorurteile? Wenn wir über jemanden zum Beispiel hören, er sei ein Zauberer, kann sich unsere Einbildungskraft auf diesen Begriff konzentrieren. Wir können uns sofort vorstellen, was der Zauberer alles machen kann, Feuer in Wasser verwandeln oder einen Frosch in einen Prinzen. Die Einbildungskraft stürzt sich auf den Begriff des Zauberers und fängt damit alles Mögliche an.

> *Feinde, Männer, Frauen, Juden, Farbige – das sind objektive Begriffe. Doch wenn die Einbildungskraft damit verknüpft ist, kann man alles von ihnen denken. Sie richtet das Denken in die eine oder andere Richtung, deshalb spielt sie bei den Vorurteilen eine wichtige Rolle.*

Eine Frau sagt zu ihrem Mann: „Du bist ein Schurke, ein schrecklicher Mensch! Ich habe geträumt, dass du mich betrogen hast!“ Der Mann darauf: „Das hast du geträumt, nicht ich!“ Es kommt vor, dass wir etwas träumen und glauben, es sei die Wirklichkeit. Unsere Träume sind auf Menschen projiziert, die mit unseren Träumen nichts zu tun haben.

Auf diese Weise hängen Projektion und Einbildungskraft eng zusammen. Im Freud'schen Sinn ist Projektion, wenn wir etwas, das wir vorhaben oder uns wünschen, auf andere Menschen projizieren. Projektion ist eine notwendige Vorbedingung für Vorurteile, wie wir im Abschnitt über konkrete Vorurteile sehen werden.

3. Warum entstehen Vorurteile in der Moderne?

Warum entwickeln sich die Vorurteile in der Moderne? Anders gefragt: Warum spricht man nur in der Moderne über Vorurteile? Auch vorher waren Urteile innerhalb einer Gemeinschaft oder Religion als selbstverständlich anerkannt und von jedem angenommen, doch diese Urteile wurden von niemandem als Vorurteile gebrandmarkt. Negativ gesehen: Die Urteile wurden nicht überprüft und man musste sie auch nicht prüfen. Sie waren vorgegeben, wie sie waren. Heute gehen wir davon aus, dass ungeprüfte Urteile schädlich sein können. Daher muss man sie entweder prüfen oder aufgeben, jedenfalls muss man diese sogenannten Vorurteile kritisieren.

Das Problem des Vorurteils wurde erst im 18. Jahrhundert, in der Zeit der Aufklärung – Siècle des Lumières – formuliert. Doch wie sahen die Vorbedingungen für die Entwicklung des Begriffs aus und warum nahm er damals eine zentrale Position ein?

Vor allem war eine Zukunftsprojektion möglich geworden. Die alten Gesellschaften kannten nur die gesellschaftliche, historische Vergangenheit, die zu ihrer Gegenwart geführt hatte. Was die Zukunft betraf, dachten sie an die Tausendjährigkeit der Reiche, an die Unsterblichkeit der Seele, an das Paradies auf Erden, aber nicht an eine gesellschaftliche Zukunft, an eine Zukunft als gesellschaftliche Realität.

Die Idee der Entwicklung eines neuen Typs von Gesellschaft wurde zum ersten Mal wirklich und allgemein in der Aufklärung formuliert. Die

Zukunft wurde als gesellschaftlich verschieden von der Gegenwart gesehen, und, was noch wichtiger ist: Wir können und sollen heute schon zur Entwicklung beitragen. Unsere Handlungen beeinflussen den konkreten Charakter und die Qualität der Zukunft. Wir können eine Zukunft schaffen, wir sind gesellschaftliche Wesen, wir üben eine Praxis aus, die uns zu einer anderen, besser entwickelten Gesellschaft führt.

So entstand die Konzeption des „Fortschritts" in der Geschichte: Diese hat in primitiver oder einfacher Weise begonnen, die Gesellschaften wurden immer komplizierter. Heute leben wir in einer äußerst komplexen Gesellschaft, und wir gehen davon aus, dass es in der Zukunft eine andere, bessere Gesellschaft geben wird. Die Menschen werden besser leben, unsere heutigen Probleme werden gelöst sein.

Auch die Utopien haben sich entsprechend verändert. Die alten Utopien waren solche der Vergangenheit: Es war einmal ein goldenes Zeitalter, ein Schlaraffenland, eine Zeit ohne Eigentum, in der die Menschen in Frieden lebten und es keine Kriege gab. Niemand war arm, alle konnten in allen Gärten alle Früchte pflücken – einfach ein Garten Eden. Jetzt hat sich die Sache verändert.

> *Die schöne, erwünschte Gesellschaft liegt nicht hinter uns, sondern vor uns. Es handelt sich um unsere Zukunft, für die jetzt und hier die Vorbedingungen geschaffen werden müssen. Ohne das, was wir bisher erreicht haben, gibt es keine positive Zukunft. Dann werden jene Probleme gelöst sein, die in der Gegenwart auftreten. Wir haben bereits die Mittel, um eine gute oder zumindest eine bessere Gesellschaft zustande zu bringen. Wir müssen uns nur noch ausdenken, wie sie aussehen soll.*

Schon 1516 beschreibt Thomas Morus in seinem Werk „Utopia" eine ideale Gesellschaft in einem erfundenen Inselreich – nicht in einer anderen Zeit, aber an einem anderen Ort. Er meinte, nicht in jeder Welt gehe es so zu wie bei uns, in anderen Welten lebten die Menschen auf andere

Weise. Seither wurde der Begriff Utopie für Werke verwendet, die eine fiktive, positive Gesellschaft darstellen.

Zu Beginn des 19. Jahrhunderts waren die Utopien auf die Wirklichkeit der Gegenwart gegründet, von der aus sich eine bessere, ganz andere Zukunft etablieren sollte. Charles Fourier entwarf etwa als Gegenbild zur Zivilisation die Vision von Gesellschaften der Harmonie und von Produktionsgenossenschaften, in denen Arbeit zum Vergnügen und freie Liebe zur Regel wird. Henri de Saint-Simon hingegen meinte, die Technik würde alle Probleme lösen, und sah eine Neuorganisation der Gesellschaft rund um die Produktion, einen Übergang vom Feudalismus zum Industrialismus. Dieser Ansatz hatte auch Einfluss auf den Materialismus von Karl Marx.

> *Die Welt entwickelt sich, ohne diese Vorstellung gibt es keine Vorurteile. Erst jetzt kann es zum Konflikt kommen zwischen dem Alten und dem Neuen. Alle alten Urteile sind jetzt Vorurteile, weil sie uns daran hindern, eine zukünftige Welt zu verwirklichen. Auf den neuen Urteilen können wir eine wirkliche, schöne, neue Zukunft aufbauen. Damit einher ging der Universalismus. Man fing an, über die „Menschheit" zu sprechen, und man wollte für ihre glückliche Zukunft handeln.*

In der ständischen Gesellschaft war auch die Rechtsprechung unterschiedlich. Der Mensch war durch seinen Stand bestimmt, ob Leibeigener oder Bauer, Gutsherr oder Prinz. Jetzt aber sagte man, die Zugehörigkeit zu einem Stand habe nichts mit der Person zu tun. Ob Bauer, Bürger oder Baron – alle sind Menschen. Die Determination durch Geburt wurde aufgehoben. Bei Beethoven heißt es in der neunten Symphonie nach dem Text von Schiller: „Alle Menschen werden Brüder, wo dein sanfter Flügel weilt. Deine Zauber binden wieder, was die Mode streng geteilt."

Mode – das sind die Vorurteile. Denken wir auch an eine Textstelle aus Mozarts Zauberflöte: „Er ist Prinz! Noch mehr! Er ist Mensch!" Ein

Mensch zu sein, das ist jetzt viel wichtiger, als ein Prinz zu sein. Und wenn jemand das Gegenteil glaubt: Das ist ein Vorurteil. Der Begriff Vorurteil hat also zwei Wurzeln, die zusammengewachsen sind. Die eine Wurzel ist der Fortschritt: Das Alte ist ein Vorurteil, wir sind für das Neue. Die andere Wurzel ist die Partikularität: Wenn man die partikularen Bestimmungen für wichtiger hält, als dass wir alle Menschen sind, dann haben wir Vorurteile.

Sehr viele Dramen und Romane handeln von den Problemen der Vorurteile, zum Beispiel „Pride and Prejudice" (Stolz und Vorurteil): Dort ist von einer armen Gentry-Familie und einer reichen Aristokraten-Familie die Rede. Der Aristokrat glaubt, es sei etwas Furchtbares, in ein Mädchen verliebt zu sein, das nicht zu seinem Stand gehört. Er fühlt, dass es wider die Natur ist. Das Mädchen sagt: „Das ist ein Vorurteil, ich kann einen Menschen nicht lieben, der ein Vorurteil hat." Am Ende heiraten sie doch, aber das Problem des Vorurteils spielt eine wichtige Rolle, so wie in allen Romanen von Jane Austen. Dort geht es um Standesvorurteile als Vorläufer der Klassenvorurteile: Vorurteile der Reichen gegen die Armen, wie es sie auch im 20. Jahrhundert und heute noch gibt. Man spricht von einer Mesalliance, wenn ein reicher Mann ein armes Mädchen heiratet. Das ist natürlich ein Vorurteil: Warum sollte man nicht ein Mädchen heiraten, wenn man es liebt?

Die Dynamik der Moderne

Worin besteht die Moderne? Warum spielen die verschiedenen Aspekte der Moderne eine so wichtige Rolle in der Entwicklung des Begriffs des Vorurteils und in der Entwicklung konkreter Vorurteile? Dynamik, Struktur und die verschiedenen Konstituenten der modernen Gesellschaft haben alle wesentlich mit Begriff und Realität der Vorurteile zu tun.

Die Philosophen wussten schon seit Sokrates: Was die Menschen für wahr halten, kann als bloße Meinung dechiffriert werden. Nur die Philosophen kannten die wahre Wahrheit, sie ist nicht identisch mit den Meinungen. Hier geht es jedoch noch nicht um Vorurteile, sondern um den Gegensatz zwischen philosophischen Wahrheiten und jenen Wahrheiten, die von Menschen und Völkern, die nicht über die wirkliche Wahrheit reflektierten, allgemein angenommen wurden.

Die Philosophen sagen: „Was die Menschen für wahr halten, ist nicht wahr, sondern etwas anderes. Was die Menschen im Allgemeinen für gut halten, ist nicht wirklich gut. Was die Menschen im Allgemeinen als schön betrachten, ist nicht wirklich schön. Nur die Philosophen wissen, was wirklich schön, wahr und gut ist."

Solche Sätze der De-Legitimierung der Urteile und Werte einer Gesellschaft werden normalerweise nur in Zeiten der Krise aufgestellt. Es gibt in traditionellen Gesellschaften Krisen, in denen einige Menschen – und nicht nur Philosophen – die selbstverständlichen Wahrheiten der dominierenden Welt infrage stellen und behaupten, etwas anderes sei wahr. Nach einer Krise kommt es jedoch in der Regel wieder zur Rehabilitierung der traditionellen Gesellschaft, nur wird die neue Tradition eine andere sein als vorher.

Ein gutes Beispiel ist das Christentum im römischen Reich, das die Götter des römischen Reiches infrage gestellt hat. Die Christen stellten die politische Struktur Roms infrage. Die entwickelte Gesellschaft des Mittelalters in ihrer klassischen Form hatte neue Fundamente, doch sie war ebenso traditionell wie die archaische griechische, jüdische oder römische Gesellschaft, vielleicht sogar noch traditioneller als das römische Kaiserreich. Erst in der Renaissance wurde wieder manches infrage gestellt, wenn auch noch nicht in der Weise, dass man meinte, die geltenden Wahrheiten seien nicht gut. Es war eher die Pluralisierung des Christentums, die in der Renaissance ihren Anfang nahm, verbunden mit vielfältigen Mystizismen.

Der Gedanke, dass etwas nicht recht ist und anders werden muss, kam erst in der Moderne auf – deswegen spreche ich von der Dynamik der Moderne. Seit dem 18. Jahrhundert geschieht das Gegenteil von dem, was in traditionellen Gesellschaften geschah. Wenn in einer solchen Gesellschaft sehr viele Menschen sagen, dass die traditionellen Werte nicht mehr gültig sind, dass man sie durch andere Werte ersetzen sollte und dass sie wüssten, welche anderen Werte das seien, dass diese Gesellschaft nicht rechtmäßig sei, nicht gerecht, dann geht diese Gesellschaft zugrunde. Wenn man in traditionellen Gesellschaften die Tradition infrage stellt, dann brechen sie zusammen und verschwinden.

> *Die moderne Gesellschaft geht an der Dynamik nicht zugrunde, im Gegenteil: Sie kann ohne diese Dynamik nicht funktionieren. In dem Moment, in dem in einer modernen Gesellschaft alles als selbstverständlich anerkannt wird und man nicht sagen kann, es sei nicht gut, es sei nicht schön oder wahr, etwas anderes sei gerechter, in diesem Moment wäre die Moderne zu Ende.*

Die moderne Gesellschaft lebt von dieser Dynamik, deswegen haben wir Zeitungen, deswegen hatten die Alten keine Zeitungen – sie brauchten sie nicht. Wenn wir Zeitung lesen, interessiert uns, warum etwas nicht stimmt, wie man etwas besser machen kann. Die moderne Gesellschaft wird von fortwährender Veränderung erfasst. Man hebt die Standesunterschiede auf und sagt: Wir sind alle Menschen, wir sind in einer Weise alle gleich. Wie kann es sein, dass einige Menschen ihre Bedürfnisse besser befriedigen können als andere? Warum haben andere mehr als wir? Warum haben andere höhere Positionen als wir? Warum hat ein anderer eine schönere Frau oder einen reicheren Mann als ich?

Die unzufriedene Gesellschaft

Die moderne Gesellschaft ist eine unzufriedene Gesellschaft. Wir alle sind unzufrieden – mit uns selbst und mit den anderen, mit der Welt, in der wir leben. Wir wollen immer etwas anderes, als wir haben. Wir wollen vielleicht auch etwas anderes sein, als wir sind. Und wir vergleichen uns immer miteinander. Warum ist der andere glücklicher als ich? Wir sind alle Menschen, und deswegen ist es nicht legitim, dass der andere mehr hat als wir selbst.

> *Unzufrieden zu sein, hat aber auch positive Aspekte: Warum gibt es arme Leute, warum gibt es Kinder, die verhungern? Das ist absurd, das darf es nicht geben. Die Welt und unser Leben sollen nicht so sein, wie sie sind. Wir müssen uns entwickeln, wir brauchen eine bessere Zukunft. „Kapitän Vorwärts" bestimmt unser Leben, wir dürfen nicht zurückschauen.*

Wir kennen diese unzufriedene Gesellschaft aus Goethes Faust: „Werd ich zum Augenblicke sagen: Verweile doch! Du bist so schön!" Wenn ich das sage, dann gehört meine Seele dem Teufel. Der Gedanke, zufrieden zu sein, ist ein teuflischer Gedanke. Wir dürfen nicht verweilen, wir müssen immer weiter vorwärts, mehr können und mehr erleben und mehr haben und auch mehr wissen.

In demselben Sinn hat Max Weber in seinem Essay „Wissenschaft als Beruf" festgestellt, dass Abraham ruhig sterben konnte, weil er ein erfülltes Leben hatte. Wir aber können nicht so sterben. Kein moderner Mensch kann an seinem Sterbebett sagen, dass er alles erledigt und alles genossen habe. Es gibt so viele Dinge, die man nicht erlebt hat. Man hat diese Kultur nicht kennengelernt oder jene. Man wollte eigentlich Musik studieren und hatte nie Zeit dafür. Die Welt ist so groß, es gibt so viele Schätze. Es ist unmöglich, alle Möglichkeiten auszuschöpfen.

Und wenn man ein Wissenschaftler ist, kann man nicht so denken wie ein Mensch der Religion. Für einen Wissenschaftler sind alle Probleme ungelöst. Hat er eine Antwort auf ein Problem, kommt bald ein anderer und falsifiziert sie.

> *Goethe sagte: „Der Wissende muss sich beschränken." Dass man sich selbst beschränken muss, ist ein moderner Gedanke. In dieser Welt der Unzufriedenheit hat man gar keine andere Wahl,*

als sich bewusst zu sein, dass man sich nicht alle Wünsche erfüllen kann, dass man nicht alles lernen, wissen, erkennen kann.

Diese Selbstbeschränkung kannten die Alten nicht, ihre Welt war eine beschränkte. In einer unbeschränkten Welt wie der Moderne, in einer Welt, in der sich die Bedürfnisse so schnell entwickeln, muss man sich selbst beschränken.

Die Struktur der Moderne

Der Soziologe Niklas Luhmann unterscheidet zwei Typen der Gesellschaft. Der erste Typus ist die strukturierte Gesellschaft, das heißt, dass ein Mensch in eine gegebene gesellschaftliche Struktur hineingeboren ist. Hier bestimmt die Stratifikation der Gesellschaft, welche Position jemand in seinem Leben einnehmen wird. Der Platz, an den man durch die Geburt hinkommt, definiert die zukünftige Funktion. Wo man hineingeboren wird, ist Zufall, doch die Menschen glauben nicht, dass es Zufall ist. Sie glauben, Gott habe sie auf ihren Platz gestellt. Nur im Märchen kommt es vor, dass ein Bauernbursche träumt, ein König zu sein.

In der Moderne beginnt man zu denken, dass die ständischen Bestimmungen nicht grundlegend sind. Zuallererst sind wir Menschen, das Wesentliche ist das Menschsein, nicht der Stand. Jetzt können wir uns miteinander vergleichen.

Die Konzeption der Gleichheit ermöglicht es, unsere Situation nicht als vorgegeben anzuerkennen. Wir wissen, dass wir zufällig auf einen Platz geboren sind. Deswegen sagen wir, wir seien kontingente Wesen. Unser Verhältnis zu unserem Stand (falls es noch Stände gibt) und zu unserer Klasse (falls es Klassen gibt) ist ein zufälliges Verhältnis. Wir sind dadurch nicht bestimmt.

Auch in der Moderne gibt es eine gesellschaftliche Hierarchie. Welche Position man darin einnimmt, ob man hoch oder niedrig landet, in einer Hierarchie oder in einer anderen, das hängt nicht mehr von der Geburt ab, sondern von der Funktion. Die moderne Gesellschaft ist eine funktionalistische Gesellschaft, das heißt, die Funktion, die wir ausüben, bestimmt unseren Platz in der Hierarchie, in der Stratifikation. Im Gegensatz zur traditionellen Gesellschaft.

Deshalb entwickelt sich in der Moderne die Idee, dass wir alle die gleichen Möglichkeiten haben. Nicht, weil wir wirklich gleiche Chancen haben, jedoch als Idee, die es vorher nicht gegeben hat: Wir haben gleiche Chancen, weil wir alle gleich sind, weil wir alle Menschen sind und weil die Situation unserer Geburt zufällig ist. Weil wir kontingente Menschen sind, können wir alle Funktionen ausüben, auch solche, die hoch oben in der Hierarchie angesiedelt sind.

Das Erlebnis der universalen Unzufriedenheit hat verschiedene Gründe. Zum einen leben wir nicht mehr in einer ständischen Gesellschaft. Wir nehmen unsere Geburt als zufällig wahr, sie soll unsere Funktion nicht bestimmen. Nur die Funktion, die wir ausüben, soll unser Leben bestimmen. Zum anderen sind wir auf die Zukunft hin orientiert und wollen unsere Gegenwart immer überwinden. Unsere gesellschaftliche und persönliche Gegenwart trägt dazu bei, dass unsere Gesellschaft eine unzufriedene ist.

Auch die Bedürfnisse sind nicht so verteilt wie in den traditionellen Gesellschaften. In den Standesgesellschaften sind die Bedürfnisse und ihre Befriedigungen stratifiziert. Die Bedürfnisse eines Grafen sind determiniert, ebenso die Möglichkeiten, die er hat, um seine Bedürfnisse zu befriedigen. Er hat das Bedürfnis zu reiten, ohne dieses könnte er als Graf nicht funktionieren. Er muss auch die Funktion des Tanzes akzeptieren und praktizieren, und die Gräfin muss Klavier spielen und singen, um ihn zu begleiten.

Die Bedürfnisse und die Möglichkeiten ihrer Befriedigung sind standesgemäß attribuiert. Ein Bauernkind hat kein Bedürfnis, lesen und schreiben zu lernen. Ein Bürger hat das Bedürfnis, lesen, schreiben und rechnen zu lernen, eine Bürgerin noch nicht. Die Bedürfnisse sind nach gesellschaftlicher Gruppe, nach Stand und Geschlecht verteilt. Auch die Güter, mit denen diese Bedürfnisse befriedigt werden können, sind standesgemäß verteilt.

Das ist in der Moderne anders, hier sind die Bedürfnisse homogenisiert, und zwar im Geld. Was man braucht, ist Geld, denn damit kann man alles kaufen. Es ist eine Allokation der Quantität, nicht mehr der Qualität, und diese Allokation richtet sich nach den Funktionen. Wer in der Gesellschaft eine höhere Funktion ausübt oder eine höhere Position einnimmt, hat mehr von dieser Quantität. Allerdings hat kein konkretes Bedürfnis eine Allokation. Keine gesellschaftliche Funktion wird durch konkrete, qualitative Bedürfnisse bestimmt.

Kant hat das interessante moderne Phänomen beschrieben, dass es drei Typen von Bedürfnissen gibt, die man nicht befriedigen kann: Geld, Macht und Ehre. Von diesen Dingen kann man nie genug haben, daher sind diese Bedürfnisse für die Moderne typisch: Man kann immer unzufrieden sein mit dem, was man hat, weil die Befriedigung eines Bedürfnisses immer ein neues Bedürfnis erzeugt.

Die Konstituenten der Moderne

Es gibt drei Konstituenten der Moderne, und alle drei sind wichtig für die Entwicklung der modernen Vorurteile. Die erste Konstituente ist die Produktion von Bedürfnissen auf dem Markt. Hier geschieht die Verteilung von Gütern und Menschen, von Tätigkeiten und Funktionen. Die moderne Gesellschaft ist eine Marktgesellschaft, deswegen kann man alle Bedürfnisse quantifizieren.

Die zweite Konstituente ist die Entwicklung von Wissenschaft und Technik. Man glaubt, Wissenschaft habe es immer gegeben. Das stimmt und stimmt doch nicht. Es gab immer Wissen, man hat etwas über die Welt gewusst, sich etwas vorgestellt. Es gab auch empirische Wissenschaft: Schon Aristoteles machte Beobachtungen über verschiedene Tiere, über Insekten, über den Traum, über das Schlafen und vieles mehr. Solche elementaren Beobachtungen nannte man Wissen, und es wurde an den alten Universitäten gelehrt.

Dieses Wissen hat sich sehr langsam entwickelt, auf einigen Ebenen überhaupt nicht. Das Wissen darüber, was unsere Erde ist, was die Sonne und was der Mond, war über lange Zeit statisch. Das ptolemäische Weltbild war jahrhundertelang dasselbe. Das Wissen über den menschlichen Organismus hat sich bis zum 16. Jahrhundert nicht geändert, und bis ins 17. Jahrhundert kannte man den Blutkreislauf nicht. Wissen gab es, jedoch war es auf wenige empirische Betrachtungen beschränkt und veränderte sich kaum.

Deswegen schätzte man auch alte Menschen hoch und nannte sie weise, weil sie Lebenserfahrung hatten. Darauf basierte die Wissenschaft und die Jungen lernten von ihnen. Heute ist das umgekehrt. Die Hacker zum Beispiel sind jung, die Alten verstehen nicht, was man alles mit dem Computer machen kann. Diese Umkehrung kam mit der Entwicklung der modernen Wissenschaft, in der sich das Wissen fortwährend verändert und kumuliert. Heute wissen wir mehr als gestern, und morgen wird unser Wissen anders sein als heute. Hier herrscht dieselbe Logik wie in der Frage der Bedürfnisse: „Kapitän Vorwärts!“ Immer muss Neues geschaffen werden.

Die neuen Wissenschaften gab es schon im 19. Jahrhundert, doch sie entwickelten sich zunächst langsam. Später wurden die neuen Wahrheiten auf die Technik angewendet, und seit der zweiten Hälfte des 20. Jahrhunderts ist die Wissenschaft in der Technik eine angewandte Wissenschaft: Die Bedürfnisse der Technik können auf die Wissenschaft zurückwirken. Das bedeutet: Alles geht vorwärts.

Vor einigen Jahren gab es in Wien eine Ausstellung, wie eine Küche in der Mitte des 19. Jahrhunderts aussah. In meiner Kindheit in den 1930er-Jahren sah sie noch genauso aus, in 100 Jahren hatte sich nichts verändert. Hühner kaufte man noch lebend, geschlachtet wurden sie von der Hausfrau. In den letzten 50 Jahren hat sich die Küche radikal verändert, auch das Alltagsleben und nicht zuletzt das Leben von Frauen. Eine Vorbedingung dafür war, dass sich die sogenannte Hausarbeit völlig von der Hausarbeit vergangener Generationen unterscheidet.

Die Technik hat den Haushalt revolutioniert und alles andere auch. Vor 50 Jahren gab es keine Computer, heute sind sie selbstverständlich. Dasselbe gilt für Fernsehen oder Mobiltelefon: Als es noch keines gab, hatten wir auch kein Bedürfnis danach. Die neue Technik entwickelt unsere Bedürfnisse – und die Entwicklung hat sich ins Gegenteil verkehrt: Wenn es etwas gibt, entsteht auch ein Bedürfnis. Vor wenigen Wochen standen die Leute wieder stundenlang Schlange, weil ein neues, kluges Telefon auf den Markt kam. Das ist die unbefriedigte Gesellschaft: Mein Nachbar hat schon ein neues Telefon, ich muss es auch haben.

Technik ist immer bedingt durch die moderne Wissenschaft. Wie lange sich diese so entwickelt, wissen wir nicht – nichts dauert ewig. Vielleicht gibt es eine Grenze, doch bisher gilt, was Goethe gesagt hat: Der Wissende muss sich beschränken. Wir können nicht alles benützen, wozu wir die Möglichkeit haben. Wir müssen Prioritäten setzen, und diese liegen im Ermessen des Einzelnen.

Die junge Generation hat in der 1968er-Bewegung gesagt, das seien alles Vorurteile und man brauche alle diese Dinge nicht. Man könne sehr glücklich ohne Technologie in Wohngemeinschaften leben. Man brauche kein Fernsehen und kein Radio, man brauche nur Liebe. Auch das ist ein Beispiel für die Kritik der unzufriedenen Gesellschaft. Man kann Nein zur Unzufriedenheit sagen, zur Entwicklung der Technik und der Wissenschaft. Heute kritisiert die grüne Bewegung sehr viele technische Neuerungen, weil sie ihrer Ansicht nach die Natur zerstören.

Man kann zu allem Nein sagen, man kann immer sagen: „Das ist ein Vorurteil!“ Alle Parteien sagen, dass das, was die anderen sagen, nur ein

Vorurteil sei, nicht die Wahrheit. Man müsse eine andere Art von Wissen, ein anderes Konzept entwickeln. Damit kommen wir zur dritten Konstituente oder Logik der Moderne – und das ist eine politische.

Die Politik der Moderne

In der traditionellen Gesellschaft gab es im Allgemeinen keine Politik – mit einigen Ausnahmen. In der Demokratie in Athen wurde für einige Jahrzehnte Politik gemacht, und auch in den letzten beiden Jahrhunderten der römischen Republik könnte man von Politik sprechen. Doch wenn Herzöge oder Grafen Konflikte auf dem Schlachtfeld austrugen, kann man das kaum Politik nennen.

> *Politik fängt mit der Moderne an, und zwar im Wesentlichen dort, wo die modernen politischen Institutionen entstehen – eine nach der anderen, nicht gleichzeitig. Es dauerte eine Weile, bis sie sich entwickelt hatten. Die Monarchie war stets traditionell: Söhne erben das Reich vom Vater. Sollte es keinen Sohn geben, kann es ausnahmsweise auch eine Tochter sein.*

Der König ist von Gott bestimmt. „Der König ist tot, es lebe der König!" Dieser Satz wird ausgesprochen, wenn ein König stirbt, denn man weiß schon, wer der neue König ist. Konflikte darüber traten zuweilen auf, doch eine konstitutionelle Monarchie gab es nicht, denn es gab keine Konstitution. Eine solche zu haben, ist schon eine moderne Vorstellung. Natürlich kann man die Gewohnheiten einer politischen Einheit „Verfassung" nennen, doch dabei handelte es sich noch nicht um moderne Konstitutionen.

Das erste Mal über eine solche Konstitution sprechen konnte man in der Renaissance, in den sogenannten „freien" Städten wie Siena oder Florenz. Damals fand die erste fundamentalistische Revolution statt: Wo die Moderne beginnt, dort erscheint Pluralismus, dort gibt es verschiedene Meinungen, Ideen und Lebensformen. Darauf antwortet der Fundamentalismus, um Differenzen zu homogenisieren. Am Anfang stand der religiöse Fundamentalismus in Florenz, verbunden mit dem Namen Savonarola. Sein „Terror-Regime" war das erste fundamentalistische Regime der modernen Geschichte, die in gewisser Weise damit beginnt.

Die Verfassung – zunächst die konstitutionelle Monarchie – ist eine moderne Erfindung. Auch der Liberalismus wäre in traditionellen Gesellschaften undenkbar gewesen, denn er setzt unterschiedliche Meinungen und Toleranz voraus. Zwar hatten die Griechen auch ihre Demokratie, diese war jedoch nicht liberal: Sokrates wurde zum Tode verurteilt, weil er angeblich die Götter des Staates nicht anerkannte. In einer liberalen Demokratie wird niemand zum Tode verurteilt, weil er anders denkt oder urteilt.

Die Militärdiktatur ist keine Hervorbringung der Moderne, es gab sie auch in alten Zeiten. Eine Errungenschaft der Moderne ist hingegen die Verteilung der Mächte. Formuliert wurde das in der Aufklärung, zum ersten Mal von Montesquieu. Er sagte, dass wir drei Mächte brauchen: die gesetzgebende Macht, die exekutive Macht und die Judikatur. Diese drei Mächte müssen voneinander unabhängig sein. Das war der erste politische Gedanke der Aufklärung.

Auch die verschiedenen politischen Institutionen, in denen die Staatsbürger („citizens") tätig sein können, sind in der Aufklärung entstanden. Die Moderne hat etwas erfunden, was es bei den Alten nicht gab: die Unterscheidung zwischen Staat und Gesellschaft. Eigentlich können wir erst von Politik sprechen, als Gesellschaft und Staat voneinander getrennt wurden und die Gesellschaft eine relative Autonomie besaß, sodass sie eigene Entscheidungen treffen konnte, die nicht durch den Staat bestimmt waren.

Hegel sagt daher in seiner Rechtsphilosophie, dass die Menschen in der Moderne von ganz verschiedener Art seien. Es gibt den universalen

Menschen, es gibt die Person, zum Beispiel als rechtliches Subjekt vor Gericht, es gibt einen Bürger, der Eigentum hat, es gibt den Familienmenschen und den Citizen. Ein einziger Mensch kann alle diese Funktionen in sich vereinen.

Totalitäre Gesellschaft und Politik sind sehr moderne Phänomene. Hannah Arendt war die Erste, die festgestellt hat, dass wir bei totalitären Staaten nicht darüber sprechen sollten, dass sie mittelalterlich seien. Totalitarismus ist eine moderne Erscheinung, eine apolitische Erscheinung, wie Arendt zu Recht sagt. Denn in der modernen Politik gibt es Pluralismus, während der totalitäre Staat diesen illegalisiert. Er homogenisiert alles in einem Zentrum, von dem alles ausgeht. Deshalb gibt es in einem totalitären Staat keine Politik.

Über Politik kann man nur in einer liberalen Demokratie oder einer Republik im Kant'schen Sinn sprechen, in der Citizens eine Stimme haben, wenn es um ihre eigenen Probleme geht. Man kann nur in solchen Situationen Politik treiben, in denen Staat und Gesellschaft voneinander getrennt sind und es keine Untertanen gibt, sondern Staatsbürger. Die Verfassung ist eine moderne Erfindung, ebenso wie Liberalismus, Republikanismus und Totalitarismus. Damit entwickelte sich auch die Idee, dass alle Macht vom Volk ausgeht, von „unten". Im totalitären Staat ist es umgekehrt, dort gibt es keine Volkssouveränität, sondern Parteisouveränität.

In einer wirklich modernen Gesellschaft, in der es Politik gibt, findet man zwei Freiheiten: eine negative und eine positive. Die negative Freiheit heißt auch liberale Freiheit, es geht darum, frei zu sein vom Druck des Staates, der Politik usw. Nach Immanuel Kant sind wir frei, alles zu tun, was nicht die Freiheit der anderen einschränkt. Das ist eine typisch liberale Formulierung der negativen Freiheit. Die positive Freiheit, die sogenannte demokratische Konzeption der Freiheit, besagt, dass wir frei sind, teilzunehmen an Dingen des Staates, an der politischen Aktivität, an der Veränderung unserer Institutionen usw. Das Positive daran: Wir sind frei für etwas und nicht nur von etwas.

In der Zeit der Aufklärung wurden im Wesentlichen alle Ideen der Moderne entwickelt, obwohl einige der Aufklärer noch von Königen regiert wurden. Voltaire hat zum Beispiel Friedrich den Großen besucht und versucht, ihn zu überzeugen, die Freiheit in Preußen zu institutionalisieren. Auch Diderot, der gemeinsam mit anderen die „Encyclopédie ou Dictionnaire raisonné des sciences, des arts et des métiers" herausgegeben hat, ging zu Katharina der Großen, um sie von diesem Gedanken zu überzeugen. Und in Schillers „Don Carlos" bittet Marquis Posa den König: „Gehn Sie Europens Königen voran. Ein Federzug von dieser Hand, und neu erschaffen wird die Erde. Geben Sie Gedankenfreiheit."

Freiheit

Wenn wir über Freiheit sprechen, sprechen wir über ein tieferes Problem. Die Moderne beginnt unter anderem mit der Formulierung des Satzes: „Alle Menschen sind frei geboren." Eigentlich hat er keinen Sinn, denn wir sind selbstverständlich nicht frei geboren, sondern als Babys, die sich nicht aufrecht halten können.

Doch dieser Satz ist eine Norm – ein Wertsatz, kein Tatsachensatz. Er schreibt vor, dass wir uns so benehmen und handeln sollen, als ob alle Menschen frei geboren wären. Wir unterschreiben diesen Satz und sind dadurch verantwortlich dafür, dass alle Menschen gleich und frei behandelt werden. Tatsache ist, dass auch heute noch nicht alle Menschen diesen Satz unterschreiben. So meinen zum Beispiel Rassisten, reine Rassen stünden höher als schlechte oder gemischte Rassen.

Wenn wir eine Verfassung annehmen, die bestätigt, dass alle Menschen gleich und frei geboren sind, dann wird vorausgesetzt, dass wir diesen Satz in fiktiver Weise unterschreiben. Auch in der Unabhängigkeitserklärung der Vereinigten Staaten wird erklärt, dass alle Menschen frei geboren sind. Alle sind demnach von Gott mit einem Gewissen und Vernunft ausgestattet, alle haben das Recht, in Freiheit zu leben und ihre Glückseligkeit auf ihre eigene Weise zu suchen.

Die Deklaration beginnt mit dem Satz: „We hold these truths to be self-evident, that all men are created equal, that they are endowed by their Creator with certain unalienable Rights, that among these are Life, Liberty and the pursuit of Happiness." Dieses „wir" ist sehr wichtig, es besagt: „Kommt alle und übernehmt Verantwortung dafür, dass wir von nun an im Geist dieses Satzes handeln werden." Dies ist die konstitutionelle Freiheit, eine gesetzliche Freiheit. Sie gibt den Staatsbürgern eine Aufgabe, der sie nicht ganz gewachsen sind. Trotzdem sollten sie versuchen, diese Verpflichtung einzuhalten.

Warum sprechen wir über Freiheit? Warum sagen wir, dass alle Menschen frei geboren sind? Was heißt das? Aristoteles hatte noch gemeint, der eine sei als Sklave geboren, der andere frei.

Der Satz, alle Menschen seien frei geboren, hatte vor der Moderne überhaupt keinen Sinn. Wovon sprechen wir? Wir sprechen davon, dass die traditionellen Gesellschaften durch diesen Satz dekonstruiert wurden – er hat sie zerstört. Wenn wir ernst nehmen, dass alle Menschen gleich frei geboren sind und alle von Gott mit Gewissen und Vernunft ausgestattet wurden, dass wir alle das Recht haben, in Freiheit zu leben, und zwar auf unsere eigene Weise, dann bricht die alte Welt zusammen. Sie hat keine Legitimation mehr, denn das Fundament der traditionellen Gesellschaften war die Tradition selbst. Wenn wir keine selbstverständlichen Wahrheiten mehr haben außer der, dass alle Menschen frei geboren sind, welche Fundamente haben wir dann überhaupt? Können wir ein Haus ohne Fundament aufbauen?

Wir können nur sagen, dass die Freiheit das Fundament der Moderne ist. Die moderne Welt, wie wir sie kennen und zu der wir uns bekennen, ist eine Welt, die auf Freiheit begründet ist. Das Problem ist nur, dass die Freiheit eine Begründung ist, die nicht begründen kann. Wir können uns durch Freiheit nicht begründen. Wir können nicht begründen, wer uns freistellt, zu allem Ja oder Nein zu sagen. Wir können auf die Freiheit keine Gesellschaft gründen. Das heißt, unsere moderne Gesellschaft ist nicht begründet, daher hat sie auch große Fragilität und kann sich selbst sehr schnell zerstören. Und durch die rapide Entwicklung, den „Kapitän Vorwärts", können auch wir selbst uns zerstören.

Gleichheit und Ungleichheit

Zurück zu den drei Konstituenten der Moderne. Die erste war der Markt. Ich habe Marx in vielem kritisiert, seine Utopie, seine Konzeption des Gebrauchswerts – in einem Punkt hatte er allerdings recht: Der Markt ist auf Gerechtigkeit gegründet, doch diese endet in Ungerechtigkeit. Auf dem Markt gibt es nur Kontrakte, solche zwischen Arbeitgebern und Arbeitnehmern und viele andere. Sie basieren auf Gleichheit, doch sie produzieren Ungleichheit.

Es ist ein Paradox der Marktverhältnisse, dass die Gleichheit Ungleichheit produziert. So wird aus Gerechtigkeit Ungerechtigkeit. Das wurde schon früh erkannt und die Umverteilung daher zu einer der Aufgaben des modernen Staates. Was der Markt verteilt, muss der Staat umverteilen, damit die Ungerechtigkeit vermindert wird. Man kann sie nicht ganz abschaffen, jedoch reduzieren.

Gleiche Chancen zu haben, ist eine Idee, de facto haben die Menschen keine gleichen Chancen. Außerdem haben sie verschiedene Fähigkeiten, verschiedene Charaktere, und deshalb landen sie sicher nicht alle auf derselben Ebene. Auch das muss in einer gewissen Weise ausgeglichen werden.

Der moderne Staat muss darüber hinaus die Marktverhältnisse regulieren. Diese Entwicklung begann bereits zu Beginn des 19. Jahrhunderts in England. Später hat die Sozialdemokratie die Umverteilung als wesentlichen Teil in ihr Programm aufgenommen. Die originäre Verteilung über den Markt ist notwendig, denn man kann nur umverteilen, was schon einmal verteilt wurde. Und man muss das tun, denn die Gleichheit des Kontraktes endet de facto in Ungleichheit.

In diesem Punkt hatte Hannah Arendt unrecht. Sie glaubte, dass die soziale Frage keine politische Frage sei, dass Politik und Staat nichts mit sozialen Fragen zu tun hätten, dass die Umverteilung nicht die Aufgabe des Staates sei. Ich glaube hingegen, dass die soziale Frage auch eine politische ist, obwohl nicht alle Aspekte der sozialen Frage politische sind.

Die drei Losungen der Französischen Revolution waren Freiheit, Gleichheit, Brüderlichkeit – oder Schwesterlichkeit, wie man will. Nicht nur bei der positiven, auch bei der negativen Freiheit gibt es das Problem der Rechte. Welche Rechte erkennt ein Staat an? Welche Rechte existieren innerhalb eines politischen Gebildes? Welche Rechte gibt es zwischen den verschiedenen Staaten, im Völkerrecht?

Auch das Völkerrecht gehört zum Problem der Freiheit. Schon am Beginn der Moderne hat man sich über das Völkerrecht Gedanken gemacht, auch Kant hat ein Kapitel darüber geschrieben. Wie können Völker miteinander so handeln, dass Freiheit, Gleichheit und Brüderlichkeit gewahrt werden? Wie können Staaten miteinander so handeln, dass man diese drei Losungen der Französischen Revolution respektiert? In seinem Buch über Frieden kam Kant zu dem Schluss, das sei nur dann möglich, wenn alle Staaten Republiken sind. Ist innerhalb der Staaten die

Freiheit der Bürger garantiert, dann können sie einander Freiheit und Gleichheit garantieren. Bis zu einem gewissen Grad gilt das auch heute noch.

Zum Freiheitsbegriff gibt es sehr viele Interpretationen, ebenso zum Begriff der Gleichheit. Die erste Art ist die Gleichheit vor dem Gesetz. Dabei gibt es für verschiedene Stände – ob Adelige oder Leibeigene – keine besonderen Gesetze, Gerichtshöfe und Gerichtsverfahren mehr. Die Rechtsverfahren müssen universalisiert sein. Dies ist jedoch nur eine rechtliche Freiheit, de facto keine zivile Freiheit.

Einige interpretierten die rechtliche Gleichheit allerdings so, dass sie die Gleichheit als Menschen, als Individuen bedeute. Doch das hat keinen Sinn: Man kann gleich sein in Bezug auf etwas, aber man kann nicht an sich gleich sein. Alle Menschen sind verschieden, haben verschiedene Fähigkeiten. Vergleiche müssen quantifizierbar sein. Wenn zwei Menschen dasselbe Gewicht haben, sind sie in Bezug darauf einander gleich.

Brüderlichkeit oder Schwesterlichkeit

Brüderlichkeit oder Schwesterlichkeit bedeutet zunächst: Die universale Bestimmung, dass wir alle Menschen sind, steht höher als unsere partikularen Bestimmungen, unser Geschlecht, unsere Nationalität usw. In diesem Sinn sind wir gleich. Was die politische Gleichheit in einem Staat betrifft, gab es drei Stufen der Emanzipation.

Emanzipation im Allgemeinen heißt: Menschen, die bisher von der Staatsbürgerschaft ausgeschlossen waren, werden jetzt als Staatsbürger aufgenommen. Das bedeutet für sie eine negative Freiheit ebenso wie eine positive. Emanzipation hängt mit dem Wahlrecht zusammen. Das erste Wahlrecht war ein qualifiziertes, es war an Bedingungen geknüpft. So durften nur Männer wählen, die Eigentum und Vermögen besaßen, darüber hinaus mussten sie lesen und schreiben können. Vom Wahlrecht ausgeschlossen waren Religionsgemeinschaften, gesellschaftliche Schichten und Geschlechter, denn sie waren nicht emanzipiert.

Die erste Emanzipation war die der Juden. In einigen Staaten wurden sie in die Verfassung eingebettet und erhielten das Recht, an den Wahlen teilzunehmen. Sie kamen in den Genuss von positiven Freiheiten, zumindest als Staatsbürger. Das bedeutet aber nicht, dass sie auf jeden Fall auch Mitglied des Parlaments sein konnten.

Die zweite Emanzipation war die der Arbeiterklasse. Als das allgemeine Wahlrecht für Männer eingeführt wurde, war die Arbeiterklasse emanzipiert. Man konnte niemanden von der Wahl ausschließen, weil er oder sie abhängig von anderen war. Auch Lesen und Schreiben waren damit keine Voraussetzungen mehr.

Die dritte Emanzipation war die der Frauen. Sie kam erst im 20. Jahrhundert. Heute sind in den liberalen Demokratien alle emanzipiert. Das heißt zwar nicht, dass alle aktive Staatsbürger sind, aber sie können es sein, wenn sie wollen.

Die Kritik der Moderne

In allen drei Konstituenten oder Logiken der Moderne gab und gibt es stets Konflikte. Die Marktgesellschaft, die erste Logik, wird seit ihrem Entstehen kritisiert. „Eigentum ist Diebstahl!“, hieß es im 19. Jahrhundert, seither taucht dieser Satz immer wieder auf. Menschen mit Kapital sind Ausbeuter, weil sie ihre Arbeiter ausbeuten. Sie leben von der Arbeit anderer und arbeiten selbst nicht, so die fortwährende Kritik an den Marktverhältnissen.

Trotz dieser Kritik steht fest, dass man ohne Marktverhältnisse in der modernen Gesellschaft nicht leben kann. Sogar in der Sowjetunion hat man das eingesehen. Wo man es nicht eingesehen hat, zum Beispiel in Pol Pots Kambodscha oder in Mao Zedongs China, waren die Folgen katastrophal: Hunderttausende oder sogar Millionen Menschen starben den Hungertod. Das tut natürlich der Kritik an den Marktverhältnissen keinen Abbruch.

Auch bei der zweiten Logik, Wissenschaft und Technologie, gab es von Anfang an Kritik: Warum diese schnelle Entwicklung? Man muss sie anhalten, denn unkontrollierte Entwicklung der Technologie zerstört unsere natürliche Umgebung. Sie macht uns auch dumm – durch Fernsehen und Computerspiele. Kinder werden nicht mehr lesen und nicht mehr miteinander kommunizieren, sie sitzen nur vor dem Bildschirm. Eine Verblödung der modernen Gesellschaft wird diagnostiziert und als Folge der neuen Technologie gesehen. Es gibt noch viele weitere Argumentationen, in denen Wissenschaft und Technologie in ihrer Entwicklung negativ gesehen werden.

> *In politischer Hinsicht, der dritten Konstituente, sind aus der Ablehnung der Moderne die fundamentalistischen Regime entstanden: wegen des Relativismus der Moderne, aufgrund ihrer Vielseitigkeit, weil nichts mehr sicher scheint. Niemand sagt uns, was Recht und Unrecht ist, wir müssen alle selbst entscheiden.*

Wir haben sehr viel Verantwortung, dadurch entsteht die „Furcht vor der Freiheit“. Wir haben keine Fundamente, aber wir sehnen uns danach. Fundamentalismus ist eine moderne Erscheinung. Er hat nichts mit Fanatismus zu tun, obwohl Fundamentalisten oft Fanatiker sind. Fanatismus ist nicht notwendigerweise Fundamentalismus. In Zeiten, als es Fundamente gab, gab es keinen Fundamentalismus, während es Fanatismus immer gegeben hat.

Descartes schrieb über Gefühle und Leidenschaften, sie hätten alle etwas Positives, außer dem Fanatismus. Es war die Zeit des Dreißigjährigen Krieges, des religiösen Fanatismus zwischen Katholiken und Protestanten, der auf beiden Seiten tödlich ist. Beide Seiten hatten ihre Fundamente und bezeichneten die des jeweils anderen als schlecht. Dennoch war das kein Fundamentalismus: Er tritt erst auf, wenn es keine Fundamente mehr gibt, wenn wir allein stehen in der Gesellschaft, wenn wir uns selbst entscheiden müssen.

Zur fundamentalistischen Kritik gehört auch das soziologische Konzept der Gegenüberstellung von Gemeinschaft und Gesellschaft. Das ist eine Form der Nostalgie: Früher lebten alle Menschen in Gemeinschaften, niemand war allein. Wir hatten eine große Familie, die Verwandten und Bekannten, unser Dorf und unsere Heimat. Wir waren in einer Welt zu Hause. Wo sind wir heute zu Hause? Wo haben wir heute die Sicherheit der Gemeinschaft? Die Wärme der Schafe und Kühe?

Wir haben diese Wärme ganz und gar verloren. Wir leben in der Gesellschaft der Individuen, die miteinander kein organisches Verhältnis haben. Wir haben mechanische Verhältnisse zueinander, wir haben den gleichen Arbeitsplatz, der morgen schon ein anderer sein kann, eine andere Schule, ein anderes Dorf. In der Stadt sind die Menschen atomisiert, dort gibt es keine Gemeinschaften. Das ist ein nostalgisches Konzept und auch eine Art von Furcht.

Totalitäre Bewegungen wissen genau, wie man diese Furcht vor dem Alleinsein, diese Furcht vor der Atomisierung nützen kann: in Pseudogemeinschaften, in denen alle dieselben Losungen schreien, alle marschieren und sich gut dabei fühlen. Solche Pseudogemeinschaften entstehen nicht nur in totalitären Regimen, sondern manchmal auch spontan wie 1968 in Paris und in Deutschland. Die sogenannte „Neue Linke“, die Kommunen versuchten, das Gemeinschaftsgefühl wiederherzustellen, das in den nuklearen Familien verloren gegangen war.

Das ist auch eine politische Kritik: Die Moderne hat angeblich die Gemeinschaft hinter sich gelassen und es gibt nur noch atomisierte Menschen in einer Gesellschaft mit ausschließlich funktionellen Kontakten, ohne direktes Verhältnis zueinander. In der Stadt sind wir alle anonym, wir kennen einander nicht. Vielleicht ist das gar nicht so schlecht. Es ist gut, ein wenig unsichtbar zu sein.

Man kann in dieser Hinsicht nicht über Fortschritt oder Rückschritt sprechen. Ein englischer Philosoph hat einmal gesagt, es gäbe keinen Rückschritt ohne Fortschritt, wir könnten nichts gewinnen, ohne etwas zu verlieren und umgekehrt – er hatte recht. Die Frage ist, ob wir mehr gewonnen als verloren haben. Das wird von verschiedenen Menschen verschieden eingeschätzt: Manche meinen, sie hätten viel mehr verloren als gewonnen, andere nicht.

Ist es ein Vorurteil, es sei entsetzlich, in der modernen Gesellschaft ohne Gemeinschaft zu leben? Oder ist es ein Vorurteil, die Gemeinschaft sei entsetzlich, weil die Menschen mich nicht in Ruhe lassen? Sehr oft kommen Gemeinschaften zustande, die sich auf eine Ideologie stützen. Für sie ist es wichtig, dass sie auf dem rechten Weg sind und alle anderen nicht. Eine bestimmte Sorte von Vorurteilen wird von Pseudogemeinschaften erzeugt und dient politischen Zwecken.

Die dominierende Weltanschauung

In allen Gesellschaften gibt es eine dominierende Weltanschauung, oder auch mehrere, wobei eine die anderen dominiert: „überdeterminiert“, um mit Freud zu sprechen. In den traditionellen Gesellschaften waren Religionen die grundlegenden Weltanschauungen. Bei den Griechen diente die Götterwelt des Olymp zur Interpretation der Welt. Fast alles, was in der Welt vorkam, konnte man durch diese Mythologie erörtern, eine Geschichte finden, die als Beispiel für Probleme des Lebens herangezogen werden konnte, um diese zu lösen. Mit diesen Geschichten, die das kulturelle Gedächtnis darstellen, kann man das Leben verständlich machen, beschreiben und erörtern.

Dominierende Anschauungen beinhalten auch das Wissen über die Welt. Wer macht den Donner, wer macht den Blitz? Warum sind wir krank, wer hat uns geheilt? Auf alle diese Fragen erhalten wir Antworten von den Mythologien, aus dem kollektiven Gedächtnis.

In der monotheistischen Welt ist die Religion die alles umfassende Weltinterpretation und Weltanschauung. Sie gibt auf alle möglichen moralischen Fragen bis zu Fragen des Wissens und des Könnens eine Antwort. Warum ist die Welt so, wie sie ist, wie ist sie entstanden, wie sind die Menschen entstanden? Was ist Tugend, was ist Laster? Warum ist ein Mensch tugendhaft, der andere nicht? Wenn man eine Frage hat, geht man in die Kirche und fragt den Priester.

In der Moderne sieht das völlig anders aus. Hier kumuliert das Wissen in der Wissenschaft, die zur dominierenden Weltanschauung und Welterzählung geworden ist. Wenn wir uns krank fühlen, gehen wir zum Arzt. Wir haben einen irrationalen Glauben an die Wissenschaft der Ärzte, heute mehr denn je. Wenn wir etwas nicht verstehen, dann lesen wir eine wissenschaftliche Publikation, aber wir haben weniger Ahnung von der Wissenschaft als früher von der Religion.

In der Religion konnte man wenigstens manches verstehen, aber wie produziert man zum Beispiel einen Computer? In der alten Zeit konnte man tun, was man wusste. Heute wissen wir sehr viel über Dinge, die wir nicht tun können. Wir schalten einen Schalter ein, aber wir haben keine Ahnung, was wirklich passiert. Manches lernen wir in der Schule, vieles nicht. Wir nützen also zahlreiche Funktionen, ohne den Prozess dahinter zu verstehen. Die Kluft zwischen dem, was wir tun, und dem, was wir darüber wissen, verstärkt die dominierende Rolle der Wissenschaft – wir haben Vertrauen in sie.

Die Wissenschaft gibt Antwort auf unsere Fragen, auch wenn wir sie nicht verstehen. Das heißt nicht, dass Religion ihre Funktion verloren hat, aber diese ist nicht mehr die Erklärung des Universums. Wenn Angehörige der Kirche das Universum wissenschaftlich zu erklären versuchen, missverstehen sie ihre eigene Funktion. Religion spricht ebenso wie die Philosophie den Wert des Lebens an: ob es einen Sinn hat, in der Welt zu leben.

Was für einen Sinn unser Leben hat, darauf wird die Wissenschaft keine Antwort geben, für sie ist das keine wissenschaftliche Fragestellung. Die Wissenschaft kann auch auf moralische Fragen keine Antwort geben, solche Fragen gehören nicht in ihre Kompetenz. Auf solche Fragen können Philosophie und Religion antworten: Fragen nach der Unsterblichkeit der Seele oder Fragen über Gut und Böse. In dieser Hinsicht haben Religion und Philosophie ihre Position bewahrt.

Aristoteles und Platon sprechen uns heute noch an, doch niemand glaubt mehr, dass die Welt aus einem Urmaterial und reiner Form besteht oder dass wir vor unserer Geburt einige Ideen gesehen haben, an die wir jetzt auf der Erde zurückdenken können. Das ist von einem wissenschaftlichen Standpunkt aus nicht mehr interessant.

Fragen der modernen Kultur

Im 19. Jahrhundert hat sich die Anthropologie als Geisteswissenschaft begründet und verschiedene sogenannte primitive Gesellschaften untersucht. Aus anthropologischer Sicht bestehen Kulturen aus den Sitten und Gebräuchen, aus der Weltanschauung menschlicher Gruppen. Und jede Gruppe hat ihre eigene Kultur.

Ein anderer Kulturbegriff stammt von Hannah Arendt: Nach ihrem Konzept hängt Kultur von kultivierten Menschen ab. Sprechen wir über Kultur, dann sprechen wir über gebildete Menschen. Über jemanden, der nicht nur die Selbstverständlichkeiten seiner Welt kennt, sondern auch eine andere Welt, und der andere Menschen ernst nimmt. Ein kultivierter Mensch bei den Römern war jemand, der Griechisch sprach, der griechische Autoren las und verstand. In diesem Sinn war etwa Cicero ein kultivierter Mensch.

Auch im Mittelalter gab es einen ähnlichen Kulturbegriff. An den Universitäten sprach und schrieb man Latein. Noch Leibniz verfasste seine Bücher in Französisch oder Latein. Als Philosoph und kultivierter Mensch musste man sich damals an eine andere Kultur halten. Der erste Kritiker dieser Auffassung war Lessing. Er sagte, vergesst die Franzosen und entwickelt eure eigene Kultur, schreibt eigene bürgerliche Dramen.

In der Moderne entwickelte sich ein neues Konzept von Kultur: die Unterscheidung zwischen „hoch" und „niedrig" innerhalb der Kultur eines Landes. Demnach gibt es eine Kunst, die hoch steht, und eine niedrige Kunst. Die wirkliche Kultur ist „oben".

Kunst und Wissenschaft – für Hegel auch die moderne Religion – gehören zur Hochkultur. Damit ist allerdings nicht die Religiosität der gewöhnlichen Menschen gemeint, sondern ein spirituell-theologisches Verständnis von Religion.

Im 20. Jahrhundert hat sich das geändert. Die Naturwissenschaft gehört heute nicht mehr zur Kultur, sie ist selbstständig geworden. Hochkultur ist im Wesentlichen die Kunst. Sie ist deshalb „hoch", weil sie nur wenige Menschen lesen und verstehen können. Die Standesverhältnisse von einst sind heute durch kulturelle Verhältnisse ersetzt.

Nach dem Ende der ständischen Gesellschaft wurde eine neue Schicht geboren: das Kulturbürgertum. Ein Teil des Bürgertums stellte sich über den anderen. Diese Bürger lasen Gedichte, komponierten, gingen in Konzerte und ins Museum. Sie verstanden, was sie lasen, hörten und sahen, und sie reflektierten es. Sie unterstützten Zeitungen und Zeitschriften und wurden zu Mäzenen. Sie gehörten zu den sogenannten „kulturellen Kreisen". Es ist kein Rang mehr, ein Herzog zu sein, aber es ist ein Rang, ein Maler zu sein.

Gyula Graf Andrássy, Außenminister von Österreich-Ungarn (1871–1879), lud einen ungarischen Maler, Mihály von Munkácsy (1844–1900), zu seiner eleganten Gartenparty. Man warf Andrássy vor, verrückt zu sein, dass er einen Künstler zu einem Empfang der Minister einlade.

Er antwortete: „Wer war Minister in der Zeit von Michelangelo?“ Die Botschaft dahinter: Künstler stehen höher als wir, denn die Kunst ist unsterblich.

> *Die Positionen der modernen Politiker sind nicht die der ägyptischen Pharaonen, die Pyramiden bauten und dadurch unsterblich wurden. Moderne Politiker sind nicht unsterblich, Künstler allerdings schon – und sie wissen das. Das ist die neue Hierarchie.*

Der Geniekult spielte nach der Aufklärung im Europa des 19. Jahrhunderts eine wichtige Rolle, besonders in der Ära der Romantiker. Ein Genie tut etwas, was niemand anderer tun kann. Wer sich in der Gesellschaft der Genies bewegt, wer ein Genie versteht und darüber spricht, der steht hoch über allen anderen Menschen.

Das Kulturbürgertum hat eine Art von Hierarchie hergestellt, die nichts mit der Geburt zu tun hat. Der moderne Mensch bleibt zufällig und kontingent, auch die Künstler. Sie treten in Verhältnis miteinander und mit der Welt durch den Markt.

4. Rassische, ethnische und religiöse Vorurteile

Der anthropologische Kulturbegriff

Zu den Begriffen der Kultur gehören verschiedene Vorurteile. Beim anthropologischen Kulturbegriff unterscheiden sich die verschiedenen Gruppen durch ihre Regeln, Normen, Gewohnheiten und Praktiken. Weltanschauung, Religion und Alltagsleben bilden zusammen das, was man Kultur nennt.

Man muss sich entscheiden, welche Gruppe man untersucht: Jugendkulturen, Minderheiten mit eigenen Kulturen, auch die Mehrheit hat ihre eigene Kultur. Studenten einer Vorlesung können eine Kultureinheit sein und unterscheiden sich von anderen Gruppen, die in anderen Sälen andere Vorlesungen hören.

Zieht man diesen anthropologischen Kulturbegriff in Betracht, kann man die Frage stellen, ob eine Kultur der anderen Kultur überlegen ist, ob man eine Hierarchie der Kulturen aufstellen kann, ob man zwischen hoch und niedrig unterscheiden kann. Dazu gibt es verschiedene Konzeptionen.

Nach einem Konzept sind alle Kulturen einander gleich. Es gibt keine Hierarchie zwischen ihnen, denn jede erfüllt ihre eigene Funktion: sich zu reproduzieren. Falls eine Kultur dazu bereit und fähig ist, wird sie weiterleben, tut sie dies nicht, wird sie sich auflösen. Dieses Konzept führt zu einer Art von Relativismus, es ist unabhängig von den Inhalten einer Kultur. Der Inhalt der Normen und Regeln, die Verhältnisse zwischen den Angehörigen einer Kultur, zum Beispiel zwischen Männern und Frauen, Erwachsenen und Kindern, sind unwesentlich im Hinblick auf die Tatsache, dass diese Kultur ihre Funktion der Selbstreproduktion erfüllt. Man kann sagen, dieser Kulturbegriff sei auch ein Vorurteil.

Es ist ein Vorurteil, zu glauben, alle Kulturen seien einander gleich, weil sie dieselbe Funktion erfüllen. Die Vertreter des anthropologischen Kulturbegriffs sehen das anders. Sie meinen, Kulturen könne man nicht miteinander vergleichen, ebenso wenig wie zwei Menschen (mit Ausnahme quantitativer Werte wie Körpergröße oder Gewicht). Ihrer Ansicht nach gibt es kein Kriterium, das man für einen Vergleich heranziehen könnte.

Nimmt man – was sehr oft geschieht – das Kriterium einer liberalen Demokratie, dann ist das ethnozentrisch. Und Ethnozentrismus ist ein Vorurteil, und zwar ein positives Vorurteil über eine Kultur, in unserem Fall die europäische Kultur, weil sie allen anderen Kulturen überlegen sei.

Wir in Europa glauben etwa, dass man eine Frau nicht mit verbrennen soll, wenn ihr Mann stirbt – das ist Eurozentrismus. Wir glauben, dass unsere Werte höher stehen als die Werte anderer Kulturen. Kulturen können sich gegenseitig als Konzeptionen beschreiben, die sich aufgrund von Vorurteilen entwickelt haben. Dem negativen Vorurteil, dass es primitiv ist, eine Frau nach dem Tod ihres Mannes zu verbrennen, steht das positive Vorurteil der Überlegenheit der europäischen Kultur gegenüber.

Ein positives Vorurteil über die eigene Kultur kann auch wirksam sein, wenn es um die Vergangenheit geht. Man spricht vom „finsteren" Mittelalter, damals waren die Menschen nicht kultiviert, man musste es „überwinden", um zu einem neuen Europa zu kommen.

Wir identifizieren uns mit der heutigen europäischen Kultur, von diesem Standpunkt aus ist die mittelalterliche europäische Kultur dunkel und unsere Kultur ist entwickelt, gut, schön und wahr – alles, was die mittelalterliche Kultur nicht war. Dieses Vorurteil hängt eng mit dem Konzept der Weltgeschichte zusammen. Die Frage ist, ob wir eine solche überhaupt voraussetzen: eine Geschichte, die auf einer primitiven Stufe anfängt, immer weiter fortschreitet und in der wir auf dem Gipfel des Fortschritts stehen oder zumindest wissen, was dieser sein wird.

Der Ansatz der „großen Erzählung" wird stark kritisiert, doch von ihrem Standpunkt aus lassen sich verschiedene Kulturen ohne konkretes Kriterium miteinander vergleichen. Denn wir haben schon eine Geschichte, und von ihrem Ende aus verstehen wir ihren Anfang. Da wir am Ende der Geschichte stehen, sind wir selbstverständlich fortschrittlicher als alles, was vorher war.

Wir müssen uns aber nicht unbedingt auf die positive Seite stellen, sondern können auch eine umgekehrte Geschichte erzählen: Wir können sagen, dass wir in einer Zeit der Dekadenz leben, dass die vorangegangene Geschichte höher stand als unsere. Erzählt man die Geschichte so, ist es eine Geschichte des Verfalls des Abendlandes, wie in Oswald Spenglers Buch „Der Untergang des Abendlandes".

Diese Art zu denken findet sich auch in Indianerromanen, zum Beispiel bei Karl May oder James F. Cooper. Dort werden die Indianer idealisiert: Sie waren wirklich tapfer, wirklich stolz, die Männer waren wirklich männlich, die Frauen waren, wie Frauen sein sollen. Diese idealisierte menschliche Kultur steht außerhalb der europäischen Tradition.

Die Autoren solcher Romane meinen, unsere Kultur sei schlechter als ihre, die Welt habe sich zurückentwickelt. Die Zivilisation habe das menschliche Leben, das Glück und die Moral beschädigt. Diese These hat schon Rousseau entwickelt, und seither ist diese Art der Darstellung gang und gäbe. Schon im Namen Abendland schwingt die Dekadenz mit: Im Orient, im Osten geht die Sonne auf, im Westen geht sie unter, sie wird mit uns untergehen.

Auch Gesellschaften der europäischen Kultur können in dieser Art von Geschichtsschreibung idealisiert werden. In Deutschland hat man zum

Beispiel Griechenland dafür entdeckt, die griechische Kultur, besonders die athenische. Das war der Höhepunkt des menschlichen Lebens und die Welt war noch in Ordnung. Homer war der größte Dichter aller Zeiten, Achilles war ein echter Held, im Vergleich mit ihm sind wir feige Zwerge.

> *Johann Joachim Winckelmann war der „Erfinder" einer Konzeption, die in Deutschland sehr verbreitet war. Die Deutschen betrachteten sich als die neuen Griechen, sie haben die alten Griechen kulturell beerbt. Griechen und Deutsche sind gleichermaßen „tief", die gesamte französische Kultur, beginnend bei den Römern, dagegen oberflächlich.*

Die Tiefe gibt es vielleicht noch, wie Heidegger gesagt hat, im „Volk der Dichter und Denker", im deutschen Volk, aber in keinem anderen. Doch die Oberflächlichkeit – der römische Geist, der Geist der Gesetze, des Rechts, der Formalität – hat über die Tiefe gesiegt.

Wir müssen in die Vergangenheit zurückblicken: Im Vergleich mit der griechischen Zivilisation ist unsere eine der Dekadenz. Wir müssen zum sogenannten „ursprünglichen" Denken der Vorsokratiker zurückkehren, falls wir das können – was unwahrscheinlich ist. Das „Ursprüngliche" ist noch rein. Unser technisches Zeitalter ist nach Heidegger das Zeitalter der Metaphysik und der Dekadenz, nur ein neuer Gott kann uns erlösen.

Schiller hat ein Gedicht über die Götter Griechenlands geschrieben. Es schmerzte ihn, dass sie gestorben sind, denn Götter sterben zusammen mit ihrer Kultur. Auch das ist ein Vorurteil, ein positives: dass die Griechen höher standen als wir. Das kann man leicht zeigen, wenn man zum Beispiel Aristophanes liest. Er spricht über sein eigenes Volk und seine eigene Kultur, und man sieht, die Menschen waren nicht besser oder schlimmer als wir heute. Die Kultur war nicht höher, nur anders als unsere. Hier zeigt sich, dass man sich keine positiven oder negativen Vorurteile ausdenken sollte. Man kann nur sagen, dass verschiedene Kulturen verschieden waren.

Kultur versus Zivilisation

Zur Ebene des anthropologischen Kulturbegriffs gehört auch der Widerspruch zwischen Zivilisation und Kultur. Es handelt sich im Wesentlichen um ein deutsches Problem, denn im Englischen bedeuten „culture“ und „civilisation“ dasselbe. In der deutschen Philosophie und Soziologie hingegen spielte es eine große Rolle, Zivilisation und Kultur als Gegensätze aufzufassen, auch bei Spengler.

Im alten Griechenland gab es eine hohe Kultur. Die Menschen diskutierten ständig über Philosophie, sie waren Menschen des Geistes und nicht der Technik. Es gab keine progressive Wissenschaft, sondern empirisches und spekulatives Wissen, das auf hohem Niveau zusammengefasst wurde – das Beste, was Menschen tun können.

Zivilisation hingegen ist technisch und wissenschaftlich, in ihr kumuliert das Wissen. Wir verfügen heute über Dinge, die wir gestern nicht hatten: Diese Zivilisation bestimmt das Leben auf technische Weise, während der Geist verarmt. Entweder sind wir Menschen, die auf der Ebene des Geistes leben und denken können, oder wir sind als „Arme im Geiste“ mit technischen Gadgets beschäftigt.

> *Zivilisation und Kultur sind Gegensätze – um dieses Vorurteil geht es hier. Heute haben wir keine Kultur mehr: Wenn man Marxist ist, spricht man von „Entfremdung“. Auf jeden Fall geht der Geist mit der Entwicklung der Zivilisation unter.*

Zivilisation ist aber nicht nur Technik, es gibt auch eine andere Art. Norbert Elias hat sie in seinem Buch „Über den Prozess der Zivilisation“ beschrieben, und von ihm stammt auch ein Buch über die höfische Gesellschaft. Ob man deren Entwicklung zur heutigen Gesellschaft als Fortschritt oder Rückschritt interpretiert, hängt von der Beurteilung ab. Elias geht es um die Tatsachen, er spricht darüber, was und warum es passiert ist.

Der Zivilisationsprozess beginnt für ihn mit der Problematisierung der höfischen Kultur und der Entstehung des Bürgertums. Was der Adel tat, war Kultur, seine Beschäftigungen gehören zur Zivilisation. Bei Hofe kennt man Rituale und Traditionen, die Menschen wissen, wie sie sich benehmen müssen. Jemanden, der über einem steht, grüßt man anders als einen Gleichgestellten. Wen man siezt und wen man duzt, war vollkommen klar. Eltern werden gesiezt, sie duzen ihre Kinder ebenso wie ihre Leibeigenen. Wer sich nicht gut benimmt, ist nicht zivilisiert und nicht kultiviert. Es gab keinen Unterschied zwischen Kultur und Zivilisation.

Dann kam das Bürgertum. Die bürgerliche Klasse stand vor der Wahl, die Adeligen einfach zu imitieren – das ist die Attitüde der Parvenus. Sie versuchen, sich der Sprache und Lebensweise des Adels anzupassen. Molière als Bürgerlicher hat sich in seinen Komödien darüber lustig gemacht. Für Elias ist der erste Schritt der Zivilisation, dass wir nicht in die Suppe spucken sollen, jeder sollte von nun an mit dem eigenen Löffel essen. Zudem müssen sich Bürgerliche auf der Straße grüßen. Wird jemand gegrüßt, muss er den Gruß erwidern.

Bürgerliche sollten sich auch anders kleiden als Aristokraten – dafür entwickelten sich neue Moden. Der Adel trug farbige Kleider, in Gold und Silber, Rot und Blau. Die Bürger sollten Schwarz tragen oder Grau, eine ganz andere Art von Eleganz. Auch bürgerliche Frauen mussten andere Kleider tragen als Aristokratinnen. Es ging nicht darum, besser als diese zu sein, sondern anders. Bürgerliche strebten nach eigenen Sitten und Konventionen.

Beim König gab es das Lever, an dem auserwählte Personen teilnehmen durften: Der König stand nackt da und wurde angekleidet. Das ist in der bürgerlichen Welt verboten: Man soll den anderen nicht nackt sehen, auch nicht in der Ehe. Man muss seinen Leib vor dem Blick der anderen schützen.

Der Zivilisationsprozess zeigt sich sehr stark im Bereich der Sexualität. In der Aristokratie waren viele Dinge frei, die im Bürgertum verpönt waren. Hier entwickelten sich sehr strikte Normen der Sexualität und Gesellschaftlichkeit. Das drückte sich auch in der Sprache aus: Was früher „Höflichkeit" war, ist jetzt „zivilisiertes Benehmen", im englischen löste die „civility" die „courtesy" ab.

Auch die Ehe wurde im Bürgertum neu geregelt. Früher brachten die Eltern die Paare zusammen, oder es waren Ehevermittler. Jetzt sollte sich die Ehe auf die Liebe gründen, obwohl Geld und Verbindungen nach wie vor eine sehr große Rolle spielten. Außereheliche Kinder werden in der bürgerlichen Gesellschaft nicht akzeptiert, während sie in der feudalen Gesellschaft ganz natürlich waren. Der Vater hat sie anerkannt, gab ihnen zuweilen ein Stück Land, vielleicht spielten sie auch eine politische Rolle im Königreich. Im Bürgertum hingegen galten sie als große Schande.

Die Bürger wollten moralischer sein als der Hof. Sie waren der Ansicht, dass die Adeligen keinen Stolz haben, nur die Ehre. Diese ist allerdings keine bürgerliche Tugend: Der Wert des Bürgertums ist die Würde. Ehre ist nichts, die Tugend ist alles.

Alles, was die neue Schicht des Bürgertums bis zum 19. Jahrhundert entwickelte, um die eigene Lebensform zu bestimmen und sich abzugrenzen, wurde später von den Nachkommen dieser Bürger als Vorurteil bezeichnet, als bloße Konvention, die keinen Sinn hatte. Auch Thomas Manns Gesellschaftsroman „Buddenbrooks: Verfall einer Familie" zeigt diesen bürgerlichen Stolz und die Probleme eines Sohnes, mit der bürgerlichen Lebensform zurechtzukommen.

Am Anfang war die Entwicklung der selbstständigen ethischen Normen des Bürgertums gegen die Aristokratie kein Vorurteil, sondern Folge der gegenseitigen Vorurteile zwischen Adel und Bürgern. Die Kinder und Kindeskinder wollten diese Vorurteile nicht mehr anerkennen und revoltierten dagegen, so etwa auch Max Ernst mit seiner Malerei gegen seinen strengen, religiösen Vater.

Die Kultur ist für die neue Generation zu Beginn des 20. Jahrhunderts nicht mehr identisch mit der Zivilisation der Väter. Es geht wieder einmal um die Freiheit: Die traditionellen Ansichten werden als Ketten empfunden, die zerbrochen werden müssen. Ob Kommunisten oder Faschisten, sie wollten mit dem bürgerlichen Leben nichts mehr zu tun haben – für sie war es ein Konglomerat der Vorurteile.

Diese strikten Normen des Bürgertums gibt es heute nicht mehr oder sie charakterisieren nur eine Minderheit der Gegenwart. Die Jugendkultur ist keine bürgerliche Kultur mehr. Auf einem Bild meines Vaters vom Abitur sehen die Burschen aus wie 50-jährige Männer: Sie sind sehr ernst, sie sind schon Bürger. Heute sehen junge Leute völlig anders aus. Was ist seither passiert? Die neue Linke hat 1968 die Tradition der bürgerlichen Zivilisation dekonstruiert, was Benehmen und Kultur des Zusammenlebens betraf.

Heute muss man sich nicht besonders schön anziehen, wenn man in die Oper geht oder Gäste erwartet. Auch so etwas wie ein „uneheliches" Kind gibt es nicht mehr, denn Zusammenleben ohne Heirat ist gang und gäbe. Und die Frage der homosexuellen Ehe wäre vor 50 Jahren noch vollkommen absurd erschienen.

> *Der bürgerliche Zivilisationsprozess hat sich zurückentwickelt, wohl deswegen, weil es keine Klassengesellschaft mehr gibt, weil die Bürger keine eigene Tradition gegen eine Aristokratie mehr entwickeln müssen. Bei diesem Begriff von Kultur werden Kultur und Zivilisation als Widersprüche aufgefasst, wo es einen Zivilisationsprozess gibt, den man positiv oder negativ beurteilen kann, wo negative und positive Urteile miteinander korrespondieren.*

Diese Geschichte hat auch sehr viele Nebenaspekte, die hier nicht weiter verfolgt werden können. Ein Beispiel ist die Sexualität der bürgerlichen Prostituierten, die dafür einen eigenen Code entwickelt haben. So gab es die wunderbare, tugendhafte Prostituierte, etwa in Verdis „La Traviata". Die „gefallenen Frauen" wurden idealisiert, und diese Idealisierung bedeutet auch eine Revolte gegen die Tradition. Was von der bürgerlichen Gesellschaft verachtet wird, wird jetzt idealisiert, wenn diese Verachtung als Vorurteil enthüllt wird.

Der Begriff der Hochkultur

Der zweite Begriff von Kultur ist die Hochkultur, hier geht es nicht um ein Konzept der Geschichtlichkeit. Die Hierarchie ist keine zeitliche, sondern eine räumliche. Demnach gibt es eine hohe und eine niedrige Kunst: Erstere ist eine Kunst des Geistes, Letztere etwas, was einen amüsiert. Niedere Kunst ist für Menschen, die keine Kultur haben, die sich nicht für geistige Dinge interessieren – also Kitsch und Boulevard.

Am Anfang der bürgerlichen Welt bedeuteten Kunst und Wissenschaft die Kultur. Seit dem 19. Jahrhundert war ein „kultivierter Mensch" jemand, der wusste, was in der Kunst bedeutend ist, der über Kunst urteilen konnte und auch selbst Kunst ausübte, zum Beispiel Klavierspielen, Malen, Zeichnen oder Gedichte schreiben. Briefe wurden so geschrieben, dass man sie in der Öffentlichkeit vorlesen konnte. Wer schöne Briefe schreiben konnte, wurde bewundert, nicht nur wegen des Inhalts, sondern auch wegen der Form.

Das galt zwar nicht für das ganze Bürgertum, jedoch für das Kulturbürgertum. Alle Bürger mussten in Gesellschaft eine gewisse kulturelle Informiertheit zeigen, der kultivierte Bürger musste auch über die jüngsten Entdeckungen der Wissenschaft Bescheid wissen. Es war die Zeit des Theaters, der öffentlichen und privaten Konzerte. Kunst war genauso wichtig wie Wissenschaft. Das ist heute nicht mehr der Fall. Wissenschaft ist mittlerweile so kompliziert, dass sie von Laien nicht mehr verstanden werden kann, diese können nur indirekte Informationen erhalten.

In der Hochkultur durchläuft ein Kunstwerk drei Phasen. Die erste Phase ist die der Kreativität. In der bürgerlichen Welt kam es zur Idealisierung der Menschen, die ein Kunstwerk schufen – sie waren die Genies. Auch Kant spricht in der Kritik der Urteilskraft über das Genie, und natürlich äußerten sich auch Goethe und Hegel darüber. Genies waren nicht mehr von Gott begabt, sondern von der Natur. Sie hatten eine Gabe, durch die sie über den normalen Bürgern standen. Sie brachten etwas Neues in die Welt.

In diesem Sinn ist die europäische Kultur anders als die chinesische, die ich übrigens sehr schätze. In der chinesischen Malerei war es wichtig, nichts Neues zu schaffen: Als die größten Maler galten jene, die ein Bild so schufen, wie es schon Jahrhunderte zuvor gemalt worden war. Das galt auch noch zu Anfang des 20. Jahrhunderts. In Europa war es umgekehrt, man musste immer Neues schaffen.

Wenn jemand etwas Neues schuf, wurde er im Allgemeinen zunächst nicht anerkannt: Die Tradition des Geschmacks war stärker als der Wunsch nach Neuheiten. Doch wenn man auf den Geschmack kam, wurde das Neue zum Idol. Sagte man „neu", sagte man auch „groß, schön und gut". In alten Zeiten war das Alte gut, je älter, desto besser.

In einer zweiten Phase kommt das Kunstwerk auf den Markt. Das sind die Kategorien der bürgerlichen Welt: Die Marktverhältnisse werden auch auf Kunstwerke angewendet und in der sogenannten Kulturkritik zum Objekt des Vorurteils. Diese Bewegung war im 19. und 20. Jahrhundert sehr verbreitet, nehmen wir als sehr bekanntes Beispiel Theodor W. Adorno.

Die Kulturkritiker hatten ein Vorurteil gegen den Markt, sie hassten die Marktgesellschaft. Wenn ein Künstler Geld für eine Sache annimmt, dann erniedrigt er sich. Wenn man für ein Werk der Kultur bezahlt, stellt es kein wirkliches Werk der Kultur mehr dar. Kulturkritiker glauben, dass die Zeit wirklicher Kultur vorbei und der Markt das Ende der Kultur ist – das ist Dekadenz.

Beethoven dachte noch anders. Er sagte einmal, er sei ein glücklicher Mann. Der arme Mozart müsse zusammen mit den Dienern essen, und es hing von Joseph II. ab, ob man eine Oper gab oder nicht. Er selbst gehe zum Händler und verkaufe ihm seine Werke, also sei er ein freier Mann und müsse niemandem schmeicheln. In diesem Sinn gibt es zwei ganz verschiedene Ansichten über den Markt und dazu, was mit einem einmal geschaffenen Werk passiert.

Die dritte Phase ist die der Rezeption. Werke der Kultur und Wissenschaft werden aufgenommen: Die Menschen gehen ins Museum und ins Konzert oder sie spielen die Werke auf dem Klavier. Ohne Rezeption kann ein Kunstwerk überhaupt nicht existieren, ohne sie ist ein Bild, sind Noten nur ein Stück Papier.

Auch in der Rezeption gibt es Vorurteile. Nur wer Hochkultur rezipiert, gilt als wirklich kultiviert. Allerdings meint die Kulturkritik, je mehr Leute Verständnis für die Hochkultur entwickeln, desto weniger wird diese wirklich verstanden. Heutzutage, wo Hunderttausende in Museen und Konzerte gehen, gibt es nach Ansicht der Kulturkritik keine wirkliche Kultur mehr. Die Rezipienten sind nach Adorno nur „regressive Zuhörer", weil sie das Kunstwerk nicht wirklich verstehen. Sie sind ein Zeichen der Dekadenz und das Ende der Kultur.

Nietzsche hat gesagt, Kultur brauche Sklaverei, ohne sie gebe es keine Kultur. Das sagen die heutigen Kulturkritiker nicht mehr. Doch heute genießen viele Menschen die Kultur passiv, ohne das Wesen des Kunstwerks zu verstehen. Sie hören zum Beispiel ein Klavierstück, das sie selbst nicht spielen können. Für Adorno war das eine Regression, eine Rückentwicklung von etwas, das schon dagewesen ist. Auch das ist ein Vorurteil.

Proust sagte, dass in Kreisen der hohen bürgerlichen Gesellschaft, die Musik rezipiert, nie ein ganzes Musikstück auf einmal gehört wurde. Man hörte höchstens einen Satz und verstand diesen vielleicht auch. Wer Proust liest, findet es lächerlich, dass wir heute über regressive Zuhörer schreiben. Selbstverständlich hören wir im Konzert alle drei oder vier Sätze, das gilt auch für nicht so hoch kultivierte Zuhörer.

Heute sieht man in den Museen viele Menschen, die echtes Interesse entwickeln. Adorno würde dazu sagen: Interesse ist keine ästhetische Kategorie! Auch das gehört zu den Vorurteilen. Warum sollen wir uns für unser Interesse schämen?

Der Begriff des kulturellen Diskurses

Der dritte Kulturbegriff handelt von etwas, das es vor der Moderne nicht gab: vom kulturellen Diskurs. In der heutigen Philosophie nimmt die

Kategorie „Diskurs“ eine zentrale Rolle ein, doch schon Immanuel Kant hat ihn beschrieben und selbst praktiziert. Er lud Gäste zum Mittagessen ein, um Konversation zu machen.

Es ging nicht darum, das Gespräch zu einem bestimmten Schluss zu führen, nicht um ein Gespräch über Tätigkeiten oder Pläne, sondern um ein Gespräch um des Gesprächs willen. Man diskutierte aus Freude an der Diskussion. Und man diskutierte über viele verschiedene Dinge. Man entwickelte seine Gedanken und Ideen in Gesellschaft mit anderen. Man tauschte sie aus. Man führte ein Gespräch.

Kant hatte mit seinen Freunden eine Etikette entwickelt: Bei der Suppe diskutierte man über Politik, beim Hauptgang über Kunst und philosophische Probleme – Dinge des Geistes. Bei der Nachspeise wurden Witze erzählt, auch das gehört zur Kultur. Und dann kam der Kaffee, an dem auch die Frauen teilhatten, dort konnte man alles Mögliche besprechen.

Das Wichtigste ist: Alle dürfen sprechen. Niemand ist dem anderen überlegen, niemand ist frustriert, neidisch oder ehrgeizig. Niemand hat ein pragmatisches Interesse an der Diskussion. Das einzige Interesse besteht darin, die Sache miteinander zu diskutieren. Fragen werden nicht entschieden, alle können ihre Meinungen äußern. Man braucht keinen Konsens. Das Motiv ist das Entzücken über die Diskussion.

Das ist die Kultur: die Kultur der Diskussion. Das ist die Moderne: die Institutionalisierung der Diskussion im privaten Leben. Der junge Habermas hat ein gutes Buch geschrieben über den „Strukturwandel der Öffentlichkeit“. Er schildert dort, an welchen Orten solche Diskussionen stattfanden, zum Beispiel in Kaffeehäusern. Die Enzyklopädisten saßen zusammen, um Kakao zu trinken, der damals als wichtiges Getränk galt. Auch Don Giovanni lässt seinen Gästen im Schloss nicht etwa Champagner servieren, sondern Kaffee und Kakao. Das waren die Luxusgüter der Zeit.

Zu den Kaffeehäusern kamen die Salons, in Paris und Berlin gab es viele davon. Betrieben wurden sie von Frauen, die viel dazu beitrugen, die Diskussion zu organisieren. Es waren bürgerliche Frauen, die es verstanden, gute Leute zusammenzubringen, zum Beispiel Johanna

Schopenhauer, die Mutter des Philosophen. Doch nicht jeder wurde eingeladen: Weil Goethe mit seiner Lebensgefährtin nicht verheiratet war, wurde diese von niemandem eingeladen außer von Johanna Schopenhauer – sie hatte keine Vorurteile!

Über alle wichtigen Dinge wurde diskutiert. Was jemand im Diskurs, in der Konversation sagt, spielt in seinem persönlichen oder öffentlichen Leben keine Rolle. Die Gründungsväter der Vereinigten Staaten, so auch Benjamin Franklin, besuchten Kaffeehäuser in London, wo sie ihre Meinungen über Amerika äußerten. Auf ihre Position hatte das keinen Einfluss, es war ein Austausch verschiedener Meinungen. Das ist die Kultur des Diskurses.

In diesem Konzept der Kultur gibt es keine Vorurteile. Wenn man in einer Gesellschaft über ein Buch, ein Drama, ein Konzert, über die politische Lage diskutiert und dann nach Hause geht, wer kann hier ein Vorurteil entwickeln? Vielleicht werden jene, die nicht teilnehmen können, das Vorurteil entwickeln, das sei alles nur Geschwätz. Die Teilnehmer an solchen Diskussionen interessiert das nicht, doch sie nehmen die Positionen, die dort vertreten werden, und die Inhalte der Gespräche ins Leben mit.

Exkurs: Über den Begriff der Wahrheit

Die Philosophen unterscheiden zwei Fragen: Was ist Wahrheit und was ist die Wahrheit? Religionen stellen nur die zweite Frage, sie kennen die Antwort auf die erste Frage, zum Beispiel aus dem Gespräch zwischen Christus und Pilatus: „Ich bin die Wahrheit." Hier geht es um den religiösen Wahrheitsbegriff.

Ohne den Begriff der Wahrheit gibt es keine Philosophie. Die eine, einzige Wahrheit, die von den alten metaphysischen

Philosophen gesucht und gefunden wurde, können wir heute nicht nur nicht finden, sondern nicht einmal suchen. Eine moderne Konzeption der Wahrheit ist die Dekonstruktion bei Jacques Derrida. Er dekonstruiert alle Konzeptionen der Wahrheit mit der Konzeption der Wahrheit, denn die Konzeption der Wahrheit als solche kann man nicht dekonstruieren.

Es gibt viele verschiedene Konzeptionen der Wahrheit. Max Weber sprach vom Polytheismus der modernen Welt. In der Moderne leben wir in einem polytheistischen Universum, es gibt verschiedene Sphären: die der Ökonomie, der Politik, der Kunst, der Religion, des Rechts. Jede hat ihre eigene Wahrheit. Man kann eine Sphäre und ihre Wahrheit vom Standpunkt einer anderen Sphäre kritisieren, aber nicht durch die andere ersetzen. Das ist eine sehr wichtige Feststellung: In der Sphäre der Religion gilt eine andere Wahrheit als in der Sphäre der Kunst oder in der Sphäre des Rechts oder in der Sphäre der Politik.

In der Sphäre der Religion gibt es immer nur eine Revelation: die geoffenbarte Wahrheit. In der Religion ist das eine Wahrheit, die von außen geoffenbart wird. In der christlichen Konzeption ist die Wahrheit eine Gabe – das ist die Offenbarung. Auch in der Kunst gibt es eine geoffenbarte Wahrheit. Das Kunstwerk selbst offenbart seine Wahrheit dem Rezipienten. Auch die Philosophie ist eine geoffenbarte Wahrheit, bei der man zwar in logischen Schritten, in Demonstrationen etc. zur Wahrheit kommt, diese ist jedoch geoffenbart.

In der Politik gibt es keine geoffenbarte Wahrheit, ebenso wenig in der Sphäre des Rechts, der Wirtschaft und auch nicht der Wissenschaft. In diesen Sphären kann nur das wahr sein, von dem man auch beweisen könnte, dass es unwahr ist, wo es also Kriterien der Falsifizierbarkeit gibt. Ohne die Möglichkeit der Falsifikation ist kein wissenschaftlicher oder politischer Satz wahr.

Die geoffenbarte Wahrheit in Philosophie, Kunst oder Religion kann man nicht falsifizieren. Wenn ich etwas schön finde, kann mich niemand davon überzeugen, es sei nicht schön. In der Religion kann man sagen, dass es Gott nicht gibt, aber diese Aussage steht außerhalb der Religion, nicht innerhalb. Dasselbe gilt auch in der Philosophie. Wenn ein Philosoph etwas für wahr hält, ist es für ihn wahr. In anderen Sphären muss etwas falsifizierbar sein, sonst kann es nicht wahr sein.

> *In der Moderne leben wir in verschiedenen Sphären, und es wäre falsch, den Wahrheitsbegriff einer Sphäre auf eine andere anzuwenden. Das geschieht zum Beispiel in der Ideologie. Spricht man in der Politik über Rassen, wendet man den Wahrheitsbegriff der Offenbarung auf eine Sphäre an, wo er nicht gültig ist, wo nur das wahr sein kann, was als falsch beweisbar ist. Wendet man einen Wahrheitsbegriff einer Sphäre auf eine andere an, überschreitet man eine notwendige Grenze. Dann ist man nicht modern im positiven Sinn.*

Rassismus

> *Rassismus ist per definitionem ein Vorurteil, denn Rassen gibt es nicht. Wenn man ein kulturelles Vorurteil hat, hat man ein Vorurteil über etwas, das existiert. Auch ein Klassenvorurteil bezieht sich auf etwas, was es tatsächlich gibt. Man hat zum Beispiel ein Vorurteil gegen die Bourgeoisie oder gegen das Proletariat oder gegen die Aristokratie: Das kann ein Vorurteil sein, aber es gibt Klassen. Wenn Sie ein Vorurteil gegen Frauen haben: Es gibt die Frauen.*

Rassismus ist eine spezielle Frage, denn die Konzeption der Rasse ist erfunden worden, um ein Vorurteil auszuarbeiten. Normalerweise haben Vorurteile mit der speziellen Interpretation einer Tatsache zu tun, zum Beispiel die verbreiteten Vorurteile gegen Homosexualität. Spricht man jedoch über Rassen, spricht man über etwas, das es nicht gibt. Hier geht es nicht um das Verständnis einer Sache, die existiert, sondern um eine Konstruktion: Der Begriff der Rasse ist einfach eine Konstruktion auf der Grundlage verschiedener existierender Tatsachen, Dinge, Erscheinungen – in jedem Fall aber eine Konstruktion.

Es gibt auch wunderbare Konstruktionen, zum Beispiel die Vernunft. Auch sie existiert nicht, aber man konstruiert sie aus den Erscheinungen des Denkens, Argumentierens, Demonstrierens. Die Frage ist: Wozu dient diese Konstruktion? Vernunft oder Geist sind philosophische Konstruktionen, die keiner bösen Sache dienen können. Die Konstruktion einer Rasse ist hingegen so erfunden, dass sie einer bösen Sache dient.

Hannah Arendt hat in ihrem Buch über Totalitarismus ein ganzes Kapitel über Rassentheorien geschrieben. Sie nennt den Franzosen Arthur de Gobineau als Vater der Rassentheorie. Diese wurde in Frankreich erfunden, nicht in England und nicht in Deutschland. Sie entstand zur Unterstützung der Standestheorie, und zwar in einer Zeit, in der man bereits skeptisch war gegenüber der angeblichen Überlegenheit des Adels.

Die Menschen fragten sich, warum die Aristokratie über den Bürgern und Bauern stehen sollte. Die Antwort Gobineaus war, dass der Adel zu einer ganz anderen Rasse gehöre als das Bürgertum oder die Bauern. Es gebe auch in der französischen Gesellschaft eine germanische und eine fränkische Rasse, diese sei jedoch unbedeutend. Die elegante Klasse sei germanisch.

Bei Gobineau gibt es zwar keinen Klassenunterschied, aber einen Rassenunterschied zwischen Führern und Geführten. In den Adern der Aristokraten fließt „blaues Blut", ein anderes Blut als in den Adern eines Bürgers oder Arbeiters. Das war auch damals schon metaphorisch gemeint. Bei Gobineau wird diese Metapher real. Bei ihm hat der Adel eine andere Verwandtschaft, eine andere Geschichte, eine andere Herkunft. Er kommt aus einer anderen Welt und verkörpert ganz andere Attitüden, ein ganz anderes Verständnis und ganz andere kulturelle Möglichkeiten: Der Adel ist eine Rasse.

Die Tatsache, dass eine ethnische Gruppe sich anderen Gruppen gegenüber überlegen fühlt, ist so alt wie die Menschheit. Die Griechen sahen sich als kultivierte Menschen, elegant und großartig. Alle anderen waren für sie Barbaren, die unter ihnen standen. Platon schrieb daher in seinem Buch über den Staat, „Politeia“, dass es verboten sein soll, Hellenen als Sklaven zu benützen, während Barbaren schon als solche geboren seien. Diese Unterscheidung ist eine ethnische. Im modernen Sinn stehen hässliche Vorurteile dahinter, es geht jedoch nicht um die Rasse, nicht um ein anderes Blut in den Adern dieser Menschen. Heute würde man von einer kulturellen Unterscheidung sprechen – so etwas gibt es auf der ganzen Welt.

In der anthropologischen Konzeption der Kultur sind sich alle Gruppen dessen bewusst, dass sie das Gute, das Schöne, das Elegante, das Wirkliche verkörpern. Die anderen, die Fremden, sind immer die Schlechten, die Bösen, die Untertanen. Wir identifizieren uns mit uns selbst, die anderen Kulturen, Gruppen und Völker sind immer schlimm oder böse oder stehen zumindest unter uns. Das sind ethnische Vorurteile oder Standesvorurteile, nicht Rassenvorurteile. Denn es ist nicht biologisch bzw. – wie man heute sagen würde – genetisch vorbestimmt, welcher Gruppe jemand angehört.

Rassentheorie ist eine moderne Theorie, die man nicht mit ethnischen Theorien gleichsetzen kann. Mit einer Ausnahme: die antijüdischen Gesetze in Spanien und in Portugal im 15. und 16. Jahrhundert. Das waren die ersten Rassengesetze, wobei die Vorurteile gegen Juden ursprünglich klassisch-mittelalterlich waren. Die jüdische Religion galt als falsch: Die Juden hätten Christus getötet und könnten ihre Seele nur retten, wenn sie zum Christentum überträten.

Das ist nicht Antisemitismus, sondern Antijudaismus. Gott hat mit den Christen einen neuen Vertrag gemacht, der alte hat seine Gültigkeit verloren. Es gab einen Kampf zwischen Synagoge und Kirche, und die Kirche hat gewonnen. Diese mittelalterliche Konzeption verbreitete sich im Spätmittelalter auch in Spanien und Portugal, aber nur langsam. Die

Juden erlebten dort vom 10. bis ins 15. Jahrhundert ein goldenes Zeitalter. Dann kam es zur Reconquista, zur Rückeroberung Spaniens von den Muslimen: Katholische Könige eroberten den ganzen Süden des Landes.

Als die Muslime keine Gefahr mehr waren, begannen sich Probleme mit den Juden zu entwickeln. Das hatte mehrere Gründe, auch gesellschaftliche: Man stelle sich ein Land vor, in dem alle jüdischen Männer in drei Sprachen lesen und schreiben konnten, während 80 Prozent der übrigen Bevölkerung nicht einmal den eigenen Namen schreiben konnten. Es gab eine sehr große kulturelle Kluft, und die Juden waren kulturell überlegen, zudem nahmen sie sehr hohe gesellschaftliche Positionen ein. Fast alle Ärzte waren Juden, auch die des Königs und der moslemischen Führer. Viele große Reeder und internationale Kaufleute waren Juden. Der erste Europäer, der seinen Fuß auf amerikanischen Boden setzte, war Jude: der Arzt von Columbus.

Eine Jüdin, Gracia Mendes Nasi (1510–1569), war die reichste Geschäftsfrau, die es je gegeben hat. Sie lebte als Katholikin und heimliche Jüdin in Portugal, Flandern und in Italien, später ging sie nach Istanbul, freundete sich mit dem Sultan an und begann, offen als Jüdin zu leben. Sie gewährte den Habsburgern ebenso wie dem Sultan große Kredite, mit denen sie ihre Kriege finanzierten. Sie hat viele Juden gerettet und das Herz ihres verstorbenen Mannes nach Palästina geschickt, um es dort im heiligen Land zu begraben.

Diese gesellschaftliche Kluft in der Bevölkerung erzeugte einen sozialen Antisemitismus, der in der modernen europäischen Gesellschaft fortbesteht: ein Ressentiment gegen Menschen, die nicht „zu uns" gehören, die eine andere Religion haben, die Christus getötet haben und trotzdem in höchste Positionen aufgestiegen sind. Dieser soziale Antisemitismus hatte vor der Reconquista keinen großen Einfluss, danach aber beschlossen die neuen katholischen Könige, allen voran Ferdinand und Isabella, die Kastilien und Aragon vereinigt hatten, dass in ihrem Land kein einziger Jude bleiben sollte: Sie mussten entweder konvertieren oder das Land verlassen. Sehr viele konvertierten, andere flohen nach Portugal, in islamisches Gebiet oder nach Istanbul, wo der Sultan sie freudig aufnahm.

Das sind alte Geschichten: Juden wurden schon in den Kreuzzügen aus verschiedenen Ländern vertrieben, besonders in Osteuropa. Neu in Spanien und Portugal war, dass sie zum Christentum gezwungen wurden. Alle Juden, die mit Gewalt getauft wurden, nannte man „neue Christen", und man nannte sie „Marranos": Schweine. Columbus, Cervantes und viele andere Schriftsteller kamen aus Marrano-Familien, auch Spinoza stammte von einer solchen ab.

Ein Teil der Juden lebte die Religion im Geheimen weiter. Sie gingen am Sonntag zwar in die Kirche, im Verborgenen hatten sie aber ihre Synagogen und hielten die jüdischen Feiertage ein. Sie trugen eine Medaille mit einem Frauenbild, dass sie gegenüber Christen als die Mutter Gottes und gegenüber Juden als die Jüdin Esther bezeichneten.

Das spanische Gesetz über das „reine Blut" zwang nun die Christen, zu beweisen, dass auch ihre Väter und Großväter Christen gewesen waren. Wer einen jüdischen Vater hatte, hatte kein reines Blut. Einige waren sehr gute Katholiken geworden, sogar Heilige, zum Beispiel Teresa von Ávila, deren Großvater Jude war. Sogar der Großinquisitor stammte aus einer jüdischen Familie – er musste den Beweis des reinen Blutes natürlich nicht antreten. Cervantes konnte sich retten, indem er – ähnlich wie in der Nazizeit – falsche Dokumente vorlegte. Manche gingen mit einer Wurst in der Tasche herum und zeigten sie vor, um zu beweisen, dass sie von reinem Blut sind.

Die Marranos konnten sich mit niemandem identifizieren. Sie waren keine echten Juden mehr, wurden aber auch als Christen nicht anerkannt. Sie hatten eine doppelte Identität als Christen und Juden oder gar keine. Sie waren die ersten „zufälligen" Individuen in der modernen Geschichte. Das Vorurteil gegen das „unreine" Blut war auch ein Vorurteil gegen zufällige Menschen, die zu niemandem gehörten, weder zur einen noch zur anderen Gruppe, und die als Identität nur ihre eigene Persönlichkeit hatten. Zu den sozialen Gründen für den Antisemitismus kamen die persönlichen Gründe: Menschen, die nirgends dazugehörten, waren unheimlich.

Heute sind wir eigentlich alle zufällige Menschen, denn unsere Identität ist nicht für unser ganzes Leben definiert. Aber die Rassentheorie ist auch dazu geeignet, aus zufälligen Menschen determinierte Menschen zu machen. Die Rasse determiniert sie für dieses oder jenes. Wer als Arier geboren ist, hat die Pflicht, als Arier zu handeln.

In den Autodafés (aus portugiesisch auto-da-fé, „Glaubensgericht"), den Verbrennungen von Ungläubigen, wurden keine Juden verbrannt, denn diese waren in den Augen der Christen ohnehin nicht zu retten. Dieser „Akt der Rettung der sonst zur ewigen Verdammnis verurteilten Seele" traf vor allem die Marranos: Sie waren Ketzer in den Augen der Kirche.

Die entsprechenden Gesetze waren echte Rassengesetze. Wenn die Verfolgten die Möglichkeit hatten, Spanien zu verlassen und zum Beispiel nach Amsterdam zu gehen wie Spinozas Familie, wurden sie sofort wieder zu Juden. Für das einzelne Individuum ist eine solche Biografie mit vielen Komplikationen verbunden. Ein kleines Mädchen wächst zum Beispiel in Spanien als Katholikin auf, geht mit ihrer Familie nach Amsterdam und soll jetzt nicht mehr in die Kirche, sondern in die Synagoge gehen. Was wird mit ihr passieren? Wahrscheinlich wird sie nichts glauben oder nur an Gott als Natur glauben wie Spinoza.

Entwicklung des Antisemitismus

Der Rassismus entwickelte sich in Europa zur Zeit des Imperialismus und der Kolonien. Kolonisierte Menschen sah man als andere Rassen im Vergleich zum „weißen Europa". Sogenannte Rote, Gelbe und Schwarze wurden als verschiedene Rassen identifiziert. Die Rasse lässt sich mit dem Auge erkennen, schon am Gesicht eines Menschen ist zu sehen, zu welcher Rasse er gehört, weil er eine andere Hautfarbe hat als die weiße.

Die Hautfarbe entschied über die Position des Menschen. Wer zu einer anderen Rasse gehört, verdiente es, den Weißen zu dienen, Sklave zu sein.

Die Hautfarbe entschied auch, ob ein Mensch zu einer gefährlichen Rasse gehörte. Die gelbe war die gefährlichste, es gab sogar ein Buch über die mögliche „gelbe" Invasion Europas. Man nannte Chinesen und Japaner die „gelbe Gefahr" und fürchtete, sie würde Europa unterdrücken.

Die schwarze Rasse waren die Untertanen: Sie galt als feige, dumm und faul, nur zur Sklavenarbeit geeignet, aber ungefährlich. Die Sklaverei in Amerika fing nicht mit den schwarzen Sklaven an, sondern mit den europäischen Sklaven. Bald darauf kamen die Schwarzen, und diese faulen Leute musste man zur Arbeit bringen. Bei den Engländern galten auch die Inder als faul, dumm und unkultiviert.

Die spanischen und portugiesischen Rassengesetze galten Menschen, die man nicht am Gesicht identifizieren konnte, deshalb mussten sie ihre Abstammung mit Papieren beweisen. Rassisten haben immer wieder jüdische „Prototypen" gezeichnet und sich ausgedacht, wie Juden aussehen, sodass man sie am Gesicht erkennen kann wie die gelbe oder schwarze Rasse. So entstand zum Beispiel das Modell der jüdischen Nase und des typisch jüdischen Mundes.

Alle ethnischen Gruppen und Kulturen kann man bis zu einem gewissen Grad an ihrer Erscheinung erkennen, an ihrem Benehmen, an ihrem Ausdruck, an ihren Gesten, an ihrer Mimik. Die kulturellen Gewohnheiten, wie wir miteinander reden, welche Witze wir einander erzählen, welche Geschichten wir miteinander teilen, all das hinterlässt einen Ausdruck auf dem Gesicht eines Menschen. Aus diesem Grund ist es nicht allzu schwer, verschiedene Kulturen zu identifizieren.

Auch Goethe wusste das, als er sagte, alle Menschen über 30 seien verantwortlich für ihr Gesicht. Wenn wir bis zu diesem Alter in einer bestimmten Kultur gelebt haben, drückt sich das zusammen mit unserer Persönlichkeit in unserem Gesicht aus. Dazu braucht man weder eine Rassentheorie noch eine ethnische Theorie.

In Amerika gilt es heute als böse, Rassenunterschiede zu entdecken. Deshalb beginnen die Menschen, die sichtbaren

Unterschiede nicht mehr zu registrieren. Sie nehmen nicht mehr wahr, ob jemand schwarz ist oder chinesischer Abstammung. Sie sehen nur das Individuelle am Gesicht, weil sie daran gewöhnt sind, ethnische Gruppen nicht zu identifizieren – das gilt auch für Präsident Obama.

Der Rassismus hat sich in verschiedenen Stufen entwickelt. Zunächst bilden sich die sogenannten Stereotype. Darüber hinaus stellte man Charakterzüge des Benehmens, der Ethik, der Moral, der Lebensweise einer Person fest. Am Anfang stehen die Vorurteile gegen diese Charakterzüge, dann folgt die Phase der Diskriminierung. Man kann Juden aus einer Stadt oder einem Land vertreiben, man kann sie zwingen, in Gettos zu leben. Im schlimmsten Fall kann man auch antijüdische Gesetze verabschieden.

Es gibt aber auch eine rein soziale Diskriminierung: wenn man einen Juden nicht einlädt, obwohl er ein Kollege ist, wenn man in einem Hotel keine Menschen mit jüdischem Namen als Gast annimmt, wenn man keine Menschen mit jüdischen Namen anstellt.

Ein Beispiel: Leo Löwenthal, Mitglied der Frankfurter Schule, ging nach der Machtübernahme Hitlers in die Vereinigten Staaten, nach Kalifornien. Als er dort Ferien machen wollte, warnten ihn seine Freunde: Mit dem Namen Löwenthal könne er nicht in alle Hotels gehen, er solle lieber vorher anfragen. Einige Hotels antworteten auf seine Briefe gar nicht, andere schrieben, er könne kommen, würde sich aber nicht wohlfühlen. Das ist sozialer Antisemitismus. Hannah Arendt hat dazu festgestellt, dass es diesen in den USA zwar gäbe, dass es einem Amerikaner aber nie einfallen würde, politischen Antisemitismus zu fordern: Politische Gleichheit ist eine absolute Religion der Amerikaner.

Soziale Diskriminierung gegen Farbige existiert auch im Norden der USA, wo es keine politische Diskriminierung gab. Deshalb musste man die positive Diskriminierung als Gegenbewegung einführen, um ein Gleichgewicht zu schaffen. So mussten bei gleicher Qualifikation an den

Universitäten Farbige bevorzugt werden. Auch gegen Frauen gab es in den USA noch in den Dreißiger- und Vierzigerjahren eine starke soziale Diskriminierung, doch ihnen ist es gelungen, diese aus eigener Kraft zu beseitigen.

Stereotype gibt es nicht nur im Rassismus, auch gegen Frauen oder bei nationalen Differenzen: So hatten etwa Franzosen und Deutsche voneinander früher sehr negative Stereotype.

> *Nach der Phase der sozialen und politischen Diskriminierung folgt als dritte Stufe schließlich die Gewalt. Die Stufen folgen nicht unbedingt zeitlich aufeinander. In den Vereinigten Staaten kam es nie zu politischer Diskriminierung, jedoch zu Gewalt ohne politische Diskriminierung. In Osteuropa, in Polen oder Russland, richteten sich sehr hässliche Pogrome gegen die Juden, parallel zu allen anderen Formen der Diskriminierung und Stereotype.*

Wenn wir über Antisemitismus sprechen, müssen wir drei historische Perioden unterscheiden. Im Laufe der Zeit entwickelten sich drei verschiedene Stereotype über die Juden. Mit der Veränderung der Stereotype veränderten sich auch die sogenannten „Gründe“: Die Rationalisierung des Antisemitismus war in den drei geschichtlichen Phasen unterschiedlich.

In der ersten Phase lebten die Juden noch in ihren Traditionen. In Deutschland gab es zwar die Hofjuden, doch die Mehrheit der Juden lebte nach ihrer eigenen Tradition des Judaismus. Sie waren entsprechend gekleidet, sprachen Jiddisch, lasen Hebräisch. Sie traten so auf wie ihre Väter und Großväter, nicht nur die sogenannten „Ostjuden“, sondern auch in Frankreich oder in den Niederlanden. Bis zum 18. Jahrhundert konnte man die Juden erkennen.

Die erste Welle des Antisemitismus hat sich in dieser Zeit entfaltet. Was waren die „Gründe“? Sie aßen nicht vom Tisch der Christen, denn sie glaubten, was Christen essen, sei giftig oder schmutzig. Sie heirateten nicht die Töchter der Christen. Sie luden keine Christen zu sich ein, sie isolierten sich, sie gingen nicht in die Schulen der Christen. Sie hatten ihre eigene Sprache, auch wenn sie die Landessprache sprachen. Sie hatten ganz andere Gewohnheiten, andere Kleidung, andere Frisuren, andere Kopfbedeckungen. Juden waren den Christen fremd, deswegen wurden sie gehasst.

Die zweite Welle des Antisemitismus begann mit der Emanzipation der Juden, die von der jüdischen Aufklärung eingeleitet wurde, der sogenannten Haskala. Zentrale Figur war Moses Mendelssohn, der beste Freund von Gotthold Ephraim Lessing und das Modell für dessen berühmte Figur „Nathan der Weise". Diese zweite Welle hatte folgende „Gründe": Juden gehen in dieselben Schulen wie Christen, sie nehmen den christlichen Kindern die Plätze weg. Sie werden Ärzte und Rechtsanwälte, sie verkaufen mehr als die christlichen Kaufleute. Sie können alle bürgerlichen Positionen einnehmen und nehmen sie anderen weg.

Alles, was bisher als Grund für den Antisemitismus angegeben wurde, wurde jetzt ins Gegenteil verkehrt. Der soziale Antisemitismus nahm eine ganz andere Gestalt an als in der Periode davor. In der ersten Welle bestand er eher aus einem Ressentiment gegenüber einer fremden, unverstandenen Lebensweise. In der zweiten Welle fühlte man sich von den Juden bedroht: weil sie den Christen die Positionen streitig machen, weil sie angeblich reicher sind, weil mehr Juden Abitur machen und studieren etc. Derselbe soziale Antisemitismus, der sich in Spanien gegen die Sepharden richtete, wiederholte sich gegen die Ashkenazi.

Eine große Rolle spielte auch das Argument, dass Juden faul seien, dass sie nicht arbeiten, denn arbeiten könne man nur auf dem Feld. Man sagte, Juden hassen die Arbeit, was sie tun, ist keine Arbeit, sie wollen gar nicht arbeiten. Sie werden gehasst, weil sie keine produktive Arbeit leisten, weil es nur wenige Proletarier und fast keine Bauern unter ihnen gibt. Juden sind Parasiten, außerdem denken sie zu viel.

Die jüdische Arbeiterbewegung hat diese Stereotype als wahr akzeptiert. In Russland hatte sie ein Naheverhältnis zu den Bolschewiken. Sie waren linke Revolutionäre und hielten diese Stereotype im Wesentlichen für wahr. Deshalb sollten die Juden selbst ihr Verhalten, ihre Berufe und ihre gesellschaftlichen Funktionen ändern. Sie sollten Revolutionäre werden und keine Kapitalisten mehr sein, sondern Arbeiter und Bauern.

Stereotype gegenüber der eigenen Gruppe sind nicht so sehr Ausnahme, wie man vielleicht glauben möchte. Auch Frauen haben vielfach männliche Stereotype auf sich bezogen und sich damit identifiziert.

5. Das Böse und der Totalitarismus

Wenn jemand durch die Rasse bestimmt ist, kann er sich nackt ausziehen, seine Ideen verändern, seine Kultur verändern, doch die Rassenzugehörigkeit kann er nicht ändern, weil sie nur konstruiert ist. Wenn jemand Vorurteile gegen eine Nation hat, richten sich diese Vorurteile gegen eine konkrete Gruppe von Menschen, die zu dieser Nation gehören und sich vielleicht später einer anderen Nation anschließen. Auch eine politische Klasse kann man verlassen und zu einer anderen politischen Klasse gehen.

Vorurteile können auch umgekehrt entstehen: nicht von der Konstruktion zur Erfahrung, sondern von der Erfahrung zur Konstruktion. Es gibt einen alten Witz, in dem ein Engländer über den Kanal nach Frankreich kommt, einen rothaarigen Franzosen sieht und nach Hause schreibt, alle Franzosen seien rothaarig. Diese Art der Entstehung von Vorurteilen ist allerdings selten. Meist bestimmt die Konstruktion die Wahrnehmung. Wenn man zum Beispiel zu wissen glaubt, dass alle Franzosen unmoralisch sind, wird man, wenn man einem Franzosen begegnet, schon voraussetzen, dass er unmoralisch ist. Und wenn man voraussetzt, dass alle Engländer kalt sind, dann wird man das voraussetzen, wenn man einen Engländer trifft.

Die welthistorische Rolle des Bösen

Es gibt verschiedene Begriffe des Bösen und auch verschiedene Erfahrungen des Bösen. Der interessanteste und modernste

Begriff stammt von Hegel, der in seiner Philosophie der Geschichte über die welthistorische Rolle des Bösen spricht. Seine Theorie basiert auf dem Konzept einer Gesellschaft, die sich trotz aller Gegensätze und Widersprüche doch fortwährend entwickelt. Im Auge des Alten erscheint das Neue als böse. Das Böse ist fortschrittlich, daher ist seine Funktion zumindest teilweise positiv.

Wenn die Gesellschaft sich entwickelt, kommt es immer wieder zu radikalen Veränderungen. Neue Gedanken, Erscheinungen und Lebensformen treten in Konflikt mit den alten. Steht das Fortschrittliche mit dem Traditionellen, dem Konservativen in Konflikt, wird nach Hegel das Neue vom Alten als böse beschrieben, unabhängig davon, ob das Fortschrittliche auch in moralischer Hinsicht fortschrittlich ist oder nicht.

Die traditionelle Gesellschaft fühlt sich von neuen Gedanken gefährdet. Alles, was die traditionelle Ordnung zerstörte, galt als böse: so etwa die Meinung, alle Menschen seien gleich, so auch die Ansicht von Sokrates, weil er die Götter des Staates nicht anerkannte. Für die Römer war das Christentum böse, weil die Christen die römischen Götter nicht anerkannten, vor allem den göttlichen Kaiser. Für die Katholiken war der Protestantismus böse, eine häretische Religion, die die Einheit des Christentums zerstörte.

Was die Alten als böse ablehnen, ist der Motor des gesellschaftlichen Fortschritts. Mit der Zeit verliert es den Charakter des Bösen und wird akzeptiert. Das lässt sich auch in der Moderne in vielen Bereichen der Kultur beobachten, etwa in der Malerei des 19. Jahrhunderts: Die neue Avantgarde war für die traditionellen Maler etwas Fürchterliches und Dummes, die Bilder wurden als hässlich und verrückt angesehen. Nach 20 Jahren kam eine neue Avantgarde, und abermals beschrieb die alte Avantgarde das Neue als irrational. Dieses Böse ist also relativ, denn in der Zukunft erscheint es nicht mehr als böse, nur in der Gegenwart.

Das natürliche Böse

Um den Begriff des natürlichen Bösen zu verstehen, muss man ein philosophisches Vorurteil kennen: Alles, was in der Welt passiert, ist auf eine gewisse Weise die Folge eines Willens, es wird von einem Willen bestimmt. Es muss jemanden geben, der es gewollt hat, nichts passiert von allein. Leibniz war der Meinung, es gäbe ein natürliches Böses und ein moralisches Böses. Ersteres ist nicht von Menschen gemacht, es ist böse, weil es Menschen schadet, weil Menschen leiden müssen. So ist der Tod etwas Böses, ein Erdbeben, ein Feuer, alle Krankheiten.

Wenn etwas Schreckliches geschieht, fragen die Menschen: Wer hat das getan? Gott kann es nicht gewesen sein, denn er ist gut, er kann kein Übel schaffen. Menschliches Unglück kann nicht das Resultat eines göttlichen Willens sein. Doch wer war es dann? Es muss irdische Kreaturen geben, die das Böse wollen – Teufel und Hexen. Sie sind der Grund für alles Böse auf Erden, sie bringen Krankheiten. Wenn sie jemanden verfluchen, wird er krank, und wenn der Fluch stärker ist, wird der Betroffene vielleicht sterben.

Auch hier können Rassenvorurteile eine Rolle spielen: Warum sind wir krank, warum gibt es Seuchen? Weil die Juden den Brunnen vergiften oder weil sie uns ganz allgemein vergiften. Nichts ist Zufall, alles hat einen Grund, und dieser Grund muss ein menschlicher Wille sein. Er ist der Grund für alles Schlechte und Böse, was den Menschen in der Welt widerfährt.

Leibniz hielt diese Ansicht für ein Vorurteil. Er war überzeugt, dass es keinen Zusammenhang gibt zwischen dem natürlichen Bösen in der Welt und dem menschlichen Willen, ebenso wenig zwischen dem göttlichen Willen und diesen Ereignissen. Wir wissen einfach nicht, warum es das natürliche Böse gibt: Es kann einen Grund haben, doch wir kennen ihn nicht. Wir wissen wenig über unsere Welt und über Gottes Pläne. Vielleicht ist etwas, was für uns böse ist, für einige Tiere gut? Die Welt ist nicht da, um den Menschen zu dienen. Sie ist da, um allen Kreaturen zu dienen.

Die Vorstellung, das Böse habe einen menschlichen Grund und es sei immer menschlicher Wille, der es verursacht, ist ein sehr altes Vorurteil. Bis ins 18. Jahrhundert wurden Hexen auf dem Scheiterhaufen verbrannt, die Menschen waren sicher, dass dadurch eine Seuche besiegt werden könnte. Zog ein Sturm über den See, dann glaubten viele, es sei ein Sünder im Boot, und wenn man ihn ins Wasser wirft und er stirbt, wird der Sturm aufhören. In diesem Fall ist es nicht einmal die Absicht dieses Sünders, dennoch ist er der Grund für das Leid.

Die Menschen konnten das Problem des natürlichen Bösen nicht aufarbeiten – und das ist bis heute so. Auch den Tsunami im Jahr 2004 bezeichneten Islamisten als Strafe Gottes. So etwas Schreckliches kann nicht einfach so passieren. Den Zufall lässt man nicht zu.

Das moralische Böse

Das moralische Böse ist das wirklich Böse, das die Menschen einander antun. Doch was ist ein böser Mensch, was charakterisiert ihn? Was ist der Grund des Bösen? Dazu gibt es viele Theorien.

Schon der Sündenfall von Adam und Eva wurde etwa bei Augustinus als Erbsünde interpretiert. Ihre Tat, die verbotene Frucht zu essen, ist der Grund für unsere eigene Sünde. Wir erben sie mit dem männlichen Samen. Deswegen sündigen wir und als Sünder bringen wir das Böse in die Welt. Das ist die sehr alte Theorie des Katholizismus, die seit dem Konzil von Konstanz im 15. Jahrhundert wieder zur offiziellen Lehre wurde.

Eine weitere Konzeption des Bösen geht auf Platon zurück. Er spricht darüber in den letzten beiden Büchern von „Politeia“, wenn es um die verschiedenen menschlichen Seelen geht: die tyrannische Seele, die gute Seele, die aristokratische Seele.

Eine naturwissenschaftliche Theorie von Konrad Lorenz besagt, in uns wohne ein aggressiver Trieb, mit dem jeder Mensch geboren wird: Wir seien apriori aggressive Tiere. Lorenz meint nicht nur das Gefühl der Wut, er meint einen angeborenen Instinkt der Aggression. Gibt es diesen Instinkt? Ich glaube, dass man Abstraktionen nicht erben kann. Es handelt sich vielmehr um eine säkularisierte Version der Erbsünde: Wir sündigen jetzt wegen des von Vater und Mutter geerbten Aggressionstriebes. Der Grund für unsere bösen Taten ist, dass wir das Böse immer auch wollen, weil wir einen destruktiven Instinkt in uns haben.

Hannah Arendt entwickelte während der Entstehung ihres Buches über Eichmann in Jerusalem eine andere Theorie. Ihr Konzept von der Banalität des Bösen kann man auch so beschreiben, dass das heutige Böse keine Hörner mehr hat, nicht mehr dämonisch ist. In einer Welt, in der noch alle an Gott glaubten, war das Böse dämonisch. Luzifer, Mephisto, der Teufel war ein ebenbürtiger Gegner Gottes. Der Geist des Guten und der Geist des Bösen standen in ewigem Kampf miteinander. Doch seit Nietzsche Gott für tot erklärt hat, hat das Metaphysische keinen Sinn mehr. Wenn man nicht mehr daran glaubt, dass es Gott gibt und seinen Widersacher, wenn es nur ein Mensch ist, der das Böse tut, dann kann man sagen, das Böse ist banal, es hat keine dämonischen Aspekte.

Diese Überlegungen flossen in eine allgemeinere Theorie ein, die darauf basiert, dass das Böse vom Nicht-Denken kommt – also das genaue Gegenteil der Konzeption des aggressiven Instinkts. Auch Eichmann war nach Hannah Arendts Ansicht nicht biologisch mit einem bösen Instinkt ausgestattet. Er war ein Mensch wie wir alle, aber er hat das Böse getan, zum Beispiel 500.000 Juden aus Ungarn nach Auschwitz deportieren lassen, weil er nicht darüber nachgedacht hat.

Wenn jemand darüber nachdenkt, was er oder sie tut, wird er oder sie das Böse nicht tun. Aus verschiedenen Gründen glaube ich, dass das nicht stimmt. Es kommt ebenso oft vor, dass jemand eben deswegen das Gute tut, weil er nicht nachdenkt. Wenn man ein Kind ertrinken sieht, denkt man nicht nach, ob man es retten soll oder nicht, sondern man springt ins Wasser. Würde man nachdenken, würde man vielleicht nicht springen, weil man womöglich selbst ertrinken könnte. Auch Gutes geschieht oft, weil man es ohne Reflexion tut. Das macht das Böse nicht aus.

Arendts Theorie gilt nur in dem Fall, dass ein Mensch etwas Gutes tun will, weil er ein anständiger Mensch sein möchte. Dann denkt er nach, was in einem speziellen Fall anständig ist und was nicht. Hier beruft sich Hannah Arendt mit Recht auf Kants Kritik der Urteilskraft: Er forderte, dass wir mit unserem eigenen Kopf denken sollen, bevor wir etwas tun. Wir müssen uns auch bemühen, aus der Position des anderen heraus zu denken sowie konsequent zu denken: Das sind die Regeln für eine korrekte Anwendung des menschlichen Verstandes.

Modern ausgedrückt, ist das radikale Böse eine Kombination aus pervertierter Vernunft und der Unterwelt der menschlichen Seele. Das bedeutet nicht notwendigerweise, dass der Mensch sich für das Böse entscheidet. Es gibt zwar Menschen, die beschließen, ein Bösewicht zu sein, doch das ist die Ausnahme, nicht der Normalfall. Wenn wir über das Böse sprechen, berufen wir uns im Allgemeinen auf Richard III. von Shakespeare, wo es gleich zu Beginn heißt: „I am determined to prove a villain." Wenn man sich dazu entschließt, kann man noch ganz genau unterscheiden zwischen gut und böse. Richard wusste, was gut wäre, aber er beschloss, ein Bösewicht zu sein. Auch Marquis de Sade nennt in seinen Büchern Beispiele für Menschen, die sich zum Bösen entschlossen haben.

Wenn wir im Folgenden über das radikale Böse in der Politik sprechen, den Totalitarismus, können wir uns nicht auf diese Theorie stützen. Ich glaube kaum, dass sich Hitler oder Stalin entschlossen haben, Bösewichte zu sein. Sie konnten überhaupt nicht zwischen gut und böse unterscheiden, daher konnten sie so eine Entscheidung nicht treffen.

Platon hatte recht: Man muss eine pervertierte Vernunft haben, dass wir alles rationalisieren können, was wir wollen und wünschen. Man muss eine Ideologie haben, die uns beweist, dass das, was wir tun, berechtigt ist. Vom Standpunkt eines Zieles müssen alle Mittel gerechtfertigt sein, um es zu erreichen. Die Ziele sind gut, die Mittel können böse sein. Wenn wir das Böse für das Gute tun, dann sind wir nicht böse, dann haben wir ein Argument, das uns rechtfertigt. Das Ziel ist nicht nur unser Ziel als Individuum, sondern das Ziel einer Gruppe, eines Landes, einer ganzen Bewegung – und es muss unbedingt erreicht werden.

Das kennen wir schon aus einer alten Geschichte: Ein Wolf trifft ein Lamm am Fluss und fragt: „Warum wühlst du mein Wasser auf? Ich muss dich fressen." Das Lamm antwortet: „Ich kann dein Wasser gar nicht aufwühlen, denn du stehst oberhalb von mir." Der Wolf entgegnet: „Du hast mich voriges Jahr verleumdet, ich muss dich trotzdem fressen." „Ich war voriges Jahr noch gar nicht auf der Welt", verteidigt sich das Lamm. „Macht nichts", sagt der Wolf, „deine Mutter hat mich verleumdet." Und er frisst das Lamm. Es gibt keine Sünde, die man nicht rationalisieren könnte. Das ist pervertierte Vernunft.

Wie steht es mit dem anderen Aspekt des Bösen, der Unterwelt? Es gibt im Menschen eine Unterwelt, dafür muss man keinen Instinkt voraussetzen. Wenn man nicht lernt, dass es Grenzen im Leben gibt, die man nicht überschreiten darf, wenn man wirklich nicht zwischen gut und böse unterscheiden kann, dann kann man diese starken Impulse nicht beherrschen.

Cornelius Castoriadis hat mir gegenüber einmal behauptet, jeder Mensch hätte schon einmal den Wunsch gehabt, einen anderen zu töten. Jeder habe den Impuls, aber auch eine Grenze, die er sich selbst setzt und die andere ihm setzen, die man nicht überschreitet. Nur wenn man ihm sagt, das sei gut oder recht, dann kommen diese Impulse zum Vorschein.

Die sogenannte pervertierte Vernunft lässt die schlechtesten Triebe der menschlichen Seele frei.

Himmler betonte gegenüber SS-Angehörigen, sie sollten den natürlichen Trieb des Mitgefühls unterdrücken und dem Impuls zu töten folgen. Das hat Thomas Mann in seiner Erzählung „Das Gesetz“ beschrieben. Er meinte, jeder kenne die zehn Gebote und doch würden sie ständig verletzt. In der Unterwelt gibt es verschiedene Triebe, auch aggressive, aber es gibt auch Gebote, die ihnen Grenzen setzen. Mann meint, wir verletzen die Gebote, obwohl wir wissen, dass sie gültig sind. Wir handeln nicht immer im Geist dieser Gebote. Ganz etwas anderes ist es, wenn jemand sagt, die zehn Gebote seien nicht mehr gültig. Das haben totalitäre Regime getan, die sagen: Du sollst morden!

Was ist das radikale Böse? Es ist nicht einfach Nicht-Denken. Es ist nicht ein uns innewohnender Aggressionstrieb. Es ist auch nicht die Tatsache, dass wir uns selbst für das Böse entscheiden. Es ergeht der Befehl, dass es keine Grenzen gibt, dass es richtig ist, diese Impulse freizulassen, weil man ein bestimmtes Ziel nur so erreichen könne. Der Ansatz von Machiavelli, dass das Ziel die Mittel heiligt (er selbst hat es nie so formuliert oder gemeint), wird hier umgesetzt. Die Menschen werden dazu berechtigt, ihren negativen Trieben freien Lauf zu lassen, um ein Ziel zu verwirklichen. Das Ziel wird selbstverständlich nie erreicht, nur die Mittel sind da.

Max Weber hat zu Beginn des 20. Jahrhunderts viel vom kommenden Jahrhundert vorausgesehen. Nach dem Ersten Weltkrieg schrieb er bereits, dass man die Moral der Ultima Ratio nicht anerkennen kann, denn der letzte Zweck rechtfertigt nicht alles. Man sollte zur Moral der Intentionen, zur Moral des guten Herzens zurückkehren, statt letzte Zwecke anzuerkennen. Er sprach sich gegen eine Gesinnungsethik und für eine Ethik der Verantwortung aus.

Die Entwicklung des Totalitarismus

Die modernen totalitären Gesellschaften sind nicht nur als das radikale Böse zu beschreiben, sondern sie sind eine Reaktion auf bestimmte Probleme. Totalitäre Gesellschaften gibt es nur in der Moderne, sie sind moderne Gesellschaften mit modernen politischen Institutionen. Man muss sie als Antwort auf die nicht gelösten und vielleicht unlösbaren Probleme, Konflikte und Schwierigkeiten der modernen Welt verstehen.

Die moderne Welt erlebte im Ersten Weltkrieg, der wie ein Blitz vom Himmel kam, ihren ersten umfassenden Konflikt. Die Menschen, die im Herbst 1914 in den Krieg zogen, glaubten, sie würden zu Weihnachten wieder zu Hause sein. Sie gingen in diesen Krieg, ohne zu wissen, wohin er führt: Es wurde der bis dahin blutigste Krieg in der europäischen Geschichte. Er war gewissermaßen die Erbsünde des 20. Jahrhunderts, denn alles, was danach kam, war eine Folge davon. Ohne den Ersten Weltkrieg hätte es weder Faschismus noch Bolschewismus gegeben.

Inwiefern ist Totalitarismus eine Antwort auf die moderne Welt? Der Erste Weltkrieg war nicht nur eine Erbsünde, weil er totalitäre Regime zur Folge hatte, sondern auch, weil die Menschen wegen des Krieges ihren Glauben und ihr Vertrauen in die moderne Welt verloren.

Die Gefahr des Bonapartismus war in Europa allgegenwärtig. Schon bei Napoleon I. und noch mehr bei Napoleon III., nach der Revolution von 1848 in verschiedenen Ländern, waren die Menschen mehr oder weniger von der Republik enttäuscht. Diese Enttäuschung führte in ganz Europa zur Idee, man brauche einen starken Mann, einen Erlöser und Führer, der den Menschen Ideale gibt, für die sie kämpfen können, für die sie in den Krieg ziehen können.

Die Menschen waren von den ersten, noch kaum entwickelten Demokratien enttäuscht. Sie glaubten, die moderne Welt, Demokratie und Kapitalismus hätten den Krieg gebracht und den Tod von Millionen verursacht. So entstand die Vorstellung, man brauche eine andere Institution, weder kapitalistisch noch demokratisch und schon gar nicht liberal. Vielmehr eine neue Organisation, einen Führer, der Europa aus dem Sumpf herausziehen würde. Die Enttäuschung führte zuerst in Russland, dann in Italien, in Deutschland, Österreich und auch Ungarn zu autoritären Regierungen.

Bis ins 19. Jahrhundert, in England noch bis ins 20. Jahrhundert, waren die Gesellschaften Standesgesellschaften, in denen jeder Stand seine eigene Kultur hatte. Das Bürgertum entwickelte im „Prozess der Zivilisation" seine eigenen Normen, Sitten und Gebräuche. Getrennt von der neuen bürgerlichen Klasse entstand das Proletariat, die Arbeiterklasse. Diese Klassen machten der Standesgesellschaft früher oder später ein Ende.

Karl Marx hat erkannt, dass im Gegensatz zur Standesgesellschaft das Individuum in der Klassengesellschaft ein zufälliges Verhältnis zu seiner Klasse hat. Die Klassen selbst haben eigene Interessen, sie haben ihre eigene Kultur, ihre eigenen Lebensformen, die sie verteidigen. Eine Klassengesellschaft muss sich in eine Massengesellschaft verwandeln, um einen guten Nährboden für totalitäre Politik zu schaffen. Das geschah zuerst in Russland.

Hannah Arendt hat die Entstehung des Totalitarismus in ihrem Buch darüber analysiert. Ihre These war, dass der Bolschewismus ab 1917 alle Klassenverhältnisse zerstört hat: zuerst die Aristokratie und die Bourgeoisie, dann die Bauern und schließlich die Arbeiterklasse. Im Russland der Dreißigerjahre gab es keine Klassen mehr, es war eine Massengesellschaft. Diese führt nicht notwendigerweise zu einem totalitären Regime. Es war vielleicht Zufall, dass es totalitäre Regierungen und politische Akteure waren, die die Klassen zerstört haben.

So hat Adolf Hitler die Klassen zerstört und, auf andere Weise, Mussolini im faschistischen Italien. Wenn man über totalitäre Gesellschaften spricht, taucht immer die Frage auf, ob Mussolinis Faschismus in Italien vor der Republik von Salò ein totalitäres Regime war. Egal wie man das sieht: Russland und Deutschland sind die klassischen Beispiele totalitärer Regierungen. Wie kann man ein totalitäres Regime entwickeln? Voraussetzungen sind eine politische Konzeption, politische Ideen und politische Vorstellungskraft – und der Wille zur Machtergreifung. Wie geht es weiter? Es gibt verschiedene Komponenten der totalitären Welt.

Am Beginn steht die totalitäre Partei, eine „Erfindung“ Lenins. Er entdeckte, dass man eine Partei braucht, um die Macht zu ergreifen. Das Modell der leninistischen Partei wurde das Vorbild für Mussolinis Partei und auch für die Nazipartei. Lenin und Mussolini kannten einander, sie hatten als junge Leute derselben Bewegung angehört, und Mussolini übernahm das Modell noch zu Lebzeiten Lenins.

Lenin nannte sein Konzept „Demokratischer Zentralismus“. Die Partei wurde von oben nach unten aufgebaut. Einige Personen müssen sie führen wie eine Armee, alle anderen erhalten Befehle von oben. Sie müssen gehorchen und sonst nichts. Zu Lenins Zeiten konnten sie noch Kritik üben, bei Stalin ging auch das nicht mehr. Entscheidend war die Organisation der Partei nach dem Vorbild einer Armee.

Lenin formulierte das Konzept schon 1902: Nur eine Partei mit der Disziplin einer Armee ist fähig, die Macht zu ergreifen. In dem Punkt unterschied sich Lenins Konzept von der Sozialdemokratie: Sie wollte diese Struktur nicht annehmen, das führte zum großen Bruch zwischen Menschewiken und Bolschewiken, zwischen Sozialdemokraten und Kommunisten. Die Sozialdemokraten spürten, dass man eine solche Parteistruktur nicht übernehmen darf.

Lenin erwies sich als politisches Genie und auch als Genius des Bösen, obwohl er wahrscheinlich kein böser Mensch war. Doch seine Erfindung wurde zum Grundstein aller bösen Taten im 20. Jahrhundert: Ohne totalitäre Partei gibt es keine totalitäre Politik und keinen totalitären Staat, und ohne totalitären

Staat gibt es keine totalitäre Gesellschaft. Die totalitäre Partei totalisiert den Staat, sie schafft ihn nach ihrem Ebenbild: Der Staat wird nach dem Vorbild der Partei geformt. Hat sie einen Führer und ist sie eine Armee, muss der Staat auch einen Führer haben – und der Staat totalisiert die Gesellschaft.

Das genügt natürlich nicht, um ein totalitäres Regime zu errichten. Man braucht auch eine Ideologie, denn ohne eine solche gibt es keine totalitäre Partei. Wenn die Partei die Macht ergreift, wird dieselbe Ideologie die Ideologie des Staates sein und in der Folge die Ideologie der ganzen Gesellschaft. Eine Ideologie gehört zu den unbedingten Voraussetzungen für ein totalitäres System.

Eine Ideologie ist keine Idee, eine Ideologie ist eine Gruppe von Ideen, ein „Sack", in den man sehr viele Ideen hineinfüllen kann. Diese Kombination von Ideen wirkt wie ein Kompass: Sie zeigt an, wer Freund ist und wer Feind. Das ist eine Funktion der Ideologie: Freund und Feind zu identifizieren.

Alle Menschen, die einer Ideologie zustimmen, müssen darüber einig sein, wer die größten Feinde sind und wer die größten Freunde. Die Feinde sind nicht natürliche Feinde, sie sind konstruierte Feinde. Natürliche Feinde sind natürlich, weil es eine lange historische Periode gegeben hat, während der sie miteinander kämpften. Und sie können aufhören, gegeneinander zu kämpfen. Engländer und Franzosen waren für eine gewisse Zeit natürliche Feinde. Deutsche und Franzosen waren für zwei Jahrhunderte natürliche Feinde. Natürliche Feinde können später auch zu Freunden werden. So gibt es seit der Entstehung der Europäischen Union in Europa keine natürlichen Feinde mehr – mit Ausnahme von Serben und Kroaten.

Eine Ideologie zeigt nicht auf einen natürlichen Feind. Der Feind der Ideologie ist konstruiert, die Ideologie selbst konstruiert ihn. Die Ideologie des Nazismus konstruierte den Plutokratobolschewismus. Man sieht: Kohärenz ist hier nicht wichtig, es ist äußerst zweifelhaft, ob man Plutokratie und Bolschewismus gleichsetzen kann. Das ist aber nicht die

Frage. Wichtig ist, dass die Ideologie auf die Plutokraten und die Bolschewiken als Feinde zeigt – das sind konstruierte Feinde. Was haben die Plutokraten gegen die Deutschen getan? Es gab natürlich Bolschewiken in Deutschland, aber sie waren keine Gefahr. Die allergrößten Feinde waren die Juden, und diese Feindschaft ist wirklich absolut konstruiert: Die deutschen Juden waren gute Staatsbürger, große Freunde von Deutschland, sie waren selbst Deutsche.

Die Grundfeinde im Fall des Bolschewismus waren Kapitalisten und Imperialisten, sie bildeten die „fünfte Kolonne“: Die Feinde saßen nicht nur außerhalb des Landes, sie saßen im eigenen Land! Feinde waren alle, die sich nicht absolut mit der Ideologie identifizierten: zuerst die Sozialrevolutionäre, dann die Trotzkisten, dann die Bucharisten – der Krieg gegen die Feinde wurde laufend geführt. Wichtig für das totalitäre Regime war, permanent Feinde zu identifizieren, die man bekämpfen konnte. Freunde wurden zwar auch durch die Ideologie bestimmt, doch das war nicht so wichtig. Hatte man keine Freunde, stand man eben allein auf der Welt.

Totalitäre Systeme befinden sich stets im Status der Revolution. Sie sind immer im Krieg, innerhalb und außerhalb des Landes, sie müssen immer irgendwelche konstruierten Feinde besiegen. Also kommen immer mehr Menschen in Internierungslager oder werden getötet. Allein in Moskau wurden im Jahr 1937 700.000 Menschen erschossen, meistens alte Bolschewiken.

Auch der Maoismus in China war ein totalitäres Regime. Mao verfolgte den Gedanken der permanenten Revolution und führte einen totalitären Staat. Am Anfang stand die chinesische kommunistische Partei, sie war ebenfalls eine leninistische Partei und ist das bis heute, sie ist genauso strukturiert, wie Lenin das vor über 100 Jahren beschrieben hat.

China war auch ein totalitärer Staat. Es gab wie in Russland innere Konflikte, diese verliefen jedoch anders. Die kulturelle Revolution des

Maoismus war eine extreme Version der ideologischen Feindidentifikation: Praktisch alle waren Feinde. In Kambodscha wurden alle Stadtbewohner zu Feinden erklärt. Alle Intellektuellen mussten hingerichtet werden. Jeder, der in die Schule ging, war ein Feind.

Ob die chinesische Gesellschaft heute totalitär ist, ist eine andere Frage. In China war die Gesellschaft totalisiert, jetzt ist sie bis zu einem gewissen Grad enttotalisiert, ohne dass der Staat enttotalisiert wäre. Normalerweise ist die Ideologie allumfassend, das ist sie in China nicht mehr, sie ist nur mehr als politische Ideologie wesentlich für die Partei.

> *Totalitäre Gesellschaften illegalisieren den Pluralismus, sie illegalisieren die Sprache der Moderne. Keiner konnte behaupten, was Goebbels sagte, sei nicht wahr. Der Pluralismus gehört zur Moderne, daher sind totalitäre Gesellschaften moderne Gesellschaften: Sie illegalisieren etwas, das es schon gibt. In einer totalitären Gesellschaft kann man zum Töten aufrufen, ohne Widerspruch zu erzeugen. Keiner konnte Goebbels oder Göring oder Himmler sagen, dass sie nicht recht haben. Das ist das radikale Böse, wenn das Neinsagen illegalisiert wird.*

Modernistische Gemälde waren sowohl in der Sowjetunion als auch in Nazideutschland verboten. Sowohl in der Ideologie Deutschlands als auch in der Russlands gab es ein Menschenideal, das man heute als sozialistischen Kitsch beschreiben kann. Alles, was in Gemälden oder Skulpturen diesen Idealen nicht entsprach, wurde verboten und galt als „entartete Kunst". Diesen Ausdruck gab es in der Sowjetunion nicht, doch Stalin kritisierte die modernen Komponisten in ähnlicher Weise: Eine Musik, die nicht alle Welt versteht, war eine Musik, die den bolschewistischen Idealen widersprach.

> *In Nazideutschland war es verboten, einen Juden zu heiraten, nicht in der Sowjetunion. Dort war es illegal, Privateigentum*

zu besitzen, nicht in Nazideutschland. Illegal in Kambodscha, nicht illegal im Iran. Jede totalitäre Gesellschaft hat ihre eigene Ideologie, doch eines haben alle totalitären Regime gemeinsam: Ihre Ideologie illegalisiert immer die Verschiedenheit, den Pluralismus, und sie bestimmt im Einzelnen, was Pluralismus ist und was man illegalisieren soll.

Politische Alternativen sind in allen totalitären Staaten illegal – ohne Ausnahme. Liberalismus ist immer illegal, darin sind alle totalitären Regime einig. Sie sind alle antidemokratisch, wobei sie manchmal die Rhetorik der Demokratie benützen, um zu sagen: „Wir sind die wirklichen Demokraten! Die sich Demokratien nennen, sind nur formale Demokratien!" Das wurde in der Sowjetunion gesagt und in China. Hitler hat das nicht gesagt, in diesem Sinn war er ehrlicher.

Liberalismus ist der gemeinsame Feind, wahrscheinlich, weil es dabei um persönliche Freiheit geht. Keine totalitäre oder bonapartistische Bewegung toleriert individuelle Freiheit oder persönliche Überzeugungen. Das ist die andere Funktion der Ideologie: Sie zeigt erstens, wer Feind und Freund ist, und zweitens, was man illegalisieren muss, was man tolerieren kann und was man auszeichnen sollte, was als gut bezeichnet wird, was dem System am besten dient. Das gilt auch für bildende Kunst, Musik und Theater.

Welche Komponisten, welche Philosophen unterstützen die Sache am besten? Unabhängig davon, ob sie noch leben oder nicht. So hat Hitler Wagner benützt und Lenin Tolstoi. Es gibt immer Traditionen, die totalitäre Gesellschaften für sich einsetzen, sie berufen sich auch auf Staatsmänner oder Intellektuelle, die nichts mit ihrer Gesellschaft zu tun haben. So hat sich die Sowjetunion immer auf Karl Marx berufen, obwohl er im Grunde mit ihr nichts zu tun hatte. Natürlich konnte sie einige Dinge, die Marx gesagt hat, für ihre Zwecke und Ziele deuten.

Sowjetunion, Nazideutschland und der Holocaust

Was heißt das, dass totalitäre Regime radikal böse sind? Warum ist eine Ideologie, die an der Macht ist und ihre Feinde vernichten kann, radikal böse? Warum ist dieser gesellschaftliche Typ mit seiner Ideologie radikal böse? Regime, die radikal Böses tun, mobilisieren die Unterwelt der Seele durch den pervertierten Verstand. Wie machen sie das?

Lenin formte die Idee der bolschewistischen Partei lange vor dem Ersten Weltkrieg. Er konnte noch nicht wissen, dass er die Möglichkeit haben würde, diese Ideologie zu verwirklichen. Aber er wusste, dass nur eine Partei nach seinen Vorstellungen fähig sein würde, die Macht zu ergreifen. Das hat er 1917 auch offen gesagt, als sich in Russland eine bürgerliche Regierung etablierte. Lenin konzentrierte sich von Anfang an auf die Macht. Diese trat im Namen der Arbeiterklasse, des Proletariats auf. Lenin war insofern aufrichtig, als er sagte, falls seine Ziele dem Proletariat nicht gefielen, stünden sie über diesem. Die Partei wisse besser, was das Proletariat wolle, als die Arbeiter selbst.

In seinem Buch „Geschichte und Klassenbewusstsein“ hat György Lukács 1923 die Lenin'sche Politik sehr gut beschrieben. Er sprach von einem empirischen Bewusstsein der Arbeiterklasse, was die Arbeiter wirklich denken und wollen, und von einem „zugeschriebenen“ Bewusstsein der Arbeiterklasse, das empirisch nicht existiert, einem konstruierten Bewusstsein. Lenin hatte es nicht gern, wenn jemand seine Ideen derart öffentlich bloßstellte.

Die Oktoberrevolution von 1917 war in Wirklichkeit keine Revolution. Niemand wusste, dass eine Revolution stattfand, es gab nur die fortwährende Machtergreifung der bolschewistischen Partei unter Lenin. Damals fanden Wahlen zur verfassunggebenden Versammlung statt, in denen die Bolschewiken in der Minderheit blieben. Die Mehrheit erhielten die Sozialrevolutionäre, auch die Menschewiken hatten mehr Stimmen als die Bolschewiken. Daraufhin löste Lenin mithilfe seiner Parteisoldaten die verfassunggebende Versammlung auf. Die deutsche Kommunistin Rosa Luxemburg hat ihren berühmten Satz „Freiheit ist immer Freiheit des Andersdenkenden" auch gegen Lenin formuliert. Das ist Kritik des Totalitarismus schon im Keim, denn darum geht es ihm: um die Illegalisierung der Andersdenkenden.

Die russische Revolution bezog sich nicht auf eine feindliche Rasse, sondern auf feindliche Klassen. Wer zu diesen Klassen gehörte, bestimmte die Partei. Zunächst war es die Bourgeoisie, dann kamen die Bauern, später die Opposition innerhalb der bolschewikischen Partei. So wurden auch die alten Bolschewiken getötet, weil sie angeblich zur feindlichen Klasse gehörten: Sie galten als „klassenfremd".

Das Wort „fremd" selbst hat einen rassistischen Unterton. Ob klassenfremd oder rassenfremd, macht in Wirklichkeit keinen großen Unterschied. Es geht darum, dass man selbst entscheiden kann, wer zur eigenen Klasse gehört und wer klassenfremd ist. Hermann Göring hat gesagt: „Wer bei mir Jude ist, bestimme ich!" Lenin und Stalin bestimmten, wer Klassenfeind war und in den Gulag geschickt oder hingerichtet wurde.

Die totalisierte Partei und der totalisierte Staat haben die Gesellschaft totalisiert. Das gesamte Sowjetrussland und später die Sowjetunion wurden völlig totalisiert. Es gab verschiedene Phasen der Legitimation. Am Anfang stand eine negative Legitimation: Der sowjetische Staat wurde gegen den Klassenfeind errichtet. Die zweite Phase war die Legitimierung durch Industrialisierung und Modernisierung. Die dritte Phase war die Legitimation durch Nationalismus, durch Großrussland. Am Ende gab es überhaupt keine Legitimation mehr, deswegen ging die innere Kraft verloren.

In den russischen Gulags herrschte Terror. Terror ist nicht einfach Gewalt, er ist eine Art von Gewalt, die jeden Menschen in einer Gesellschaft treffen kann, unabhängig von seinen Taten und seiner Zugehörigkeit. Staatsterror funktioniert so, dass jeder getötet werden oder in den Gulag kommen kann, ohne dass er auch nur eine Ahnung hätte, warum das geschieht. Die besten Bolschewiken wurden verhaftet, manche Monarchisten wurden nicht verhaftet, niemand wusste, warum. Alle, die verhaftet wurden, sagten, es sei sicher ein Missverständnis. Es war kein Missverständnis, es war Terror.

Terror hat zwei Bedeutungen: Die eine ist Gewalt, die andere ist Furcht. Wenn man Gewalt so ausübt, dass niemand weiß, wen es trifft, dann werden sich alle fürchten.

Lukács hat mir dazu eine Geschichte erzählt. In der Zeit des „großen Terrors" in den Jahren 1935 bis 1938 gab es in Moskau einen ungarischen Schriftsteller, einen sehr anständigen Menschen. Er schickte jede Woche ein Paket mit Esswaren in den Gulag. Jeden Sonntag lud er einige Kinder zum Mittagessen ein, deren Eltern deportiert worden waren. Jede Nacht schlief er mit einem Rucksack unter dem Kopf, denn er war sicher, am nächsten Morgen würde die Geheimpolizei kommen und ihn in den Gulag schleppen. Alle Bewohner dieses Hauses wurden verhaftet, nur der Schriftsteller nicht. Lukács meinte dazu: „Wenn es einen Beweis gibt, dass Gott existiert, das ist er!"

Terror kann alle treffen oder auch nicht. Terror ist allgemeine Furcht und Gewalt – und es ist Glaube. Wenn ein Mann eine Frau jeden Tag verprügelt, dann geschieht es nicht selten, dass die Frau diesen Mann mehr und mehr liebt. So etwas gibt es auch in der Gesellschaft. Wenn ein ganzes Land vom Terror beherrscht wird, dann beginnen die Menschen, an den Führer zu glauben und ihn tief zu lieben. Denselben Stalin, vor dem alle sich fürchteten, haben viele auch geliebt. Ich glaube, auch Hitler war in Deutschland sehr beliebt. Wenn man einen Führer hat, vor dem man sich fürchtet, und wenn man entweder innerhalb oder außerhalb des Landes einen ewigen Krieg führt, dann werden die Leute dem Führer glauben und für ihn auch sterben.

Jene, die Terror ausüben, glauben, sie seien tugendhaft. Das wurde schon zu Beginn der Moderne erfunden. Der erste moderne Terrorist war Robespierre: Er hat formuliert, dass Terror Tugend sei. Alle Terroristen glauben, sie verkörpern die Tugend, wenn sie Terror ausüben, weil sie ihr Leben oder das von anderen (das ist natürlich besser!) für ein fernes, großes Ziel zu opfern bereit sind.

Wie alle totalitären Regime hatte auch die Sowjetunion die Ambition, eine Weltmacht zu werden. Es genügt nicht, die Macht in einem Staat zu haben, man will mit seiner Idee die ganze Welt erobern. Das war auch Stalins Intention, besonders nach dem Zweiten Weltkrieg glaubte er, den Sowjetkommunismus in der ganzen Welt verwirklichen zu können.

Das Modell der leninistischen Partei war in einigen Ländern bereits angenommen, in einigen mit Gewalt, wie in Osteuropa, in anderen einigermaßen freiwillig, zum Beispiel in der syrischen Baath-Partei, auch in Ägypten. Es gab viele leninistische Parteien in Afrika und Asien und auch in Lateinamerika, die allerdings dem sowjetischen Modell nicht zur Gänze entsprachen.

Nach dem Krieg haben alle totalitären Parteien, ob Faschisten oder Kommunisten, ihre Taktik geändert. Sie wollten nicht mehr die Macht ergreifen, allerdings an ihr teilhaben, zumindest in Europa, außer in den von der Sowjetunion besetzten Ländern.

Nazideutschland war der letzte totalitäre Staat, der in Europa entstand. Das absolute Weltmachtideal in Hitlers Deutschland war ebenso präsent wie in Stalins Russland. Hitler wollte die Weltherrschaft durch den Krieg erreichen. Ich kann nicht beurteilen, ob das möglich gewesen wäre. Er begründete eine totalitäre Gesellschaft, in der die zentrale Ideologie rassistisch war, eine Art von rassistischem Nationalismus. Hitlers Ideologie war allerdings nicht deutsch-nationalistisch, sondern germanisch. Die Rasse der Arier sollte die Welt besiegen, nicht die deutsche Nation. Das wurde am Ende deutlich, als Hitler vom Bunker aus beschloss, die deutschen Städte zugrunde gehen zu lassen, weil die deutsche Nation nicht reif sei für seine großen Ideen.

Es gibt Historiker, die sagen, dass die sogenannte „Endlösung" der Judenfrage nicht von Anfang an zu den Plänen Hitlers gehörte, dass er die Juden nur vertreiben wollte und erst die Radikalisierung des deutschen Nazismus den Weg zur „Endlösung" geebnet hat. Andere meinen, das Vorhaben, alle Juden zu töten, gehörte von Beginn an zu Hitlers Konzept, auch wenn er nie den Befehl für die Ausrottung des Judentums gegeben hat. Trotzdem kann man schon aus dem Buch „Mein Kampf" den Schluss ziehen, dass das Vorhaben von Anfang an da war. Hitler wollte alle Juden töten, zumindest alle, für die er die Mittel dazu besaß.

Das ist vollkommen irrational, überhaupt nicht nachvollziehbar. Die Juden waren in keiner Weise natürliche Feinde. Ihre Feindschaft war eine reine Konstruktion. Was war der Grund? Es gab ja auch andere Rassendiskriminierung, viele andere waren als Untertanen und Sklaven vorgesehen, aber nur bei den Juden ging es darum, sie zu töten. Wie kann man Auschwitz, wie kann man den Holocaust erörtern?

Wir hatten schon oft Probleme mit dem Wort „Grund". Grund bedeutet, dass etwas determiniert ist: Wenn A der Fall ist, muss auch B der Fall sein. Es gibt sehr verschiedene Ansichten zu der Frage, ob es einen Grund für den Holocaust gab. Eine nennt natürlich den modernen, gesellschaftlichen Antisemitismus, die Aversion gegen Juden, die am Beginn des 20. Jahrhunderts stärker wurde als zuvor – in vielen Ländern, nicht nur in Deutschland. Ich glaube nicht, dass Deutschland ein besonderer Fall war.

Antisemitismus ist nicht der Grund für den Holocaust, sondern nur die Vorbedingung, warum viele Menschen den Holocaust so leicht verstanden, warum sich so viele freuten, dass man den Juden die Geschäfte wegnahm, dass ihre Positionen frei wurden und man in ihre Wohnungen einziehen konnte. Ich glaube nicht, dass dieser Antisemitismus dazu führen konnte, dass man alle Juden töten wollte. Im Gegenteil, der Holocaust wurde im Wesentlichen auch vor dem deutschen Volk geheim gehalten. Das Ziel einer Vernichtung aller Juden wurde nicht offiziell erklärt.

Das passierte, und die Menschen wussten davon oder konnten zumindest etwas wissen, aber sie konnten sich auch selbst vormachen, nichts darüber zu wissen. Auch der Gulag wurde nie öffentlich dargestellt, man sagte nur, dass gewisse Feinde des Vaterlandes nach Sibirien geschickt wurden. Die Zahl der Toten hat niemand gekannt, oder niemand wollte es wissen.

Das ist das schlechte Gewissen der totalitären Regierungen: Sie fürchten sich vor der Empathie der Menschen. Brecht hat einmal gesagt, die Verführung zum Guten sei unwiderstehlich. Das ist vielleicht ironisch, vielleicht aber auch der Grund, dass die totalitären Führer nicht offiziell erklärt haben, wie viele Leute sie deportierten und ermordeten. Das wurde nicht nur wegen der Engländer oder Amerikaner geheim gehalten, sondern auch wegen des eigenen Volks. Es gibt gute Christen, denen man nicht sagen kann, dass kleine Kinder mit Gas getötet werden. Das würden die Menschen nicht verstehen.

Antisemitismus ist nicht der Grund für die „Endlösung". Es gibt eine andere Theorie, dass der Totalitarismus selbst der Grund sei. In einer totalitären Gesellschaft braucht man den fortwährenden Krieg, auch gegen den inneren Feind. Es gab keine anderen inneren Feinde für Adolf Hitler als die Juden. Auch das ist keine ausreichende Begründung für Auschwitz. Es würde reichen, so viele Menschen zu erschießen wie möglich, doch die technologische Anwendung des Gases, der Eisenbahnzüge etc. folgt nicht aus dem totalitären System.

Eine weitere Konzeption stammt von Zygmunt Bauman. Er meint, es sei nicht der totalitäre Staat oder der Antisemitismus gewesen, sondern die Moderne in Gestalt ihrer Technologie. Die moderne Technik sei verantwortlich für den Holocaust, weil man sie ausprobieren wollte. Man kann mit Gewehren viele Tausende töten, sicher nicht Millionen – man brauchte Züge, Lokomotiven, Gaskammern.

Ich glaube, dass auch das kein Grund ist. Die deutsche Armee brauchte die Züge, um die Ostfront zu versorgen. In diesem Fall war die Ideologie stärker als die Technik, dieselbe Technik hätte man auch im Krieg anwenden können statt zur Tötung der Juden. Die Organisation von Auschwitz war auch vom technischen Aspekt her pragmatisch irrational. Ganz abgesehen davon, dass dort Arbeitskräfte vernichtet wurden, die man eigentlich gebraucht hätte. Das ist nicht rational.

Auschwitz ist weder die Folge von Antisemitismus noch von einer totalitären Gesellschaft oder von moderner Technologie. Man hätte die Juden auch in Gettos oder Konzentrationslagern oder den deutschen Kolonien isolieren können. Aber das geschah nicht.

Hitler sagte im Bunker, der Krieg gegen die Juden sei sein wichtigster Krieg gewesen. Er wisse, dass der Krieg verloren sei, aber die Welt werde ihn als großen Mann anerkennen, weil er die Juden ausgerottet habe. Dies betrachtete er als seinen größten Erfolg, den ihm alle danken würden.

Meine Theorie ist: Die moderne Welt ist in gewisser Weise von einer Ideologie bestimmt, die mit Nietzsches Diktum „Gott ist tot" begonnen hat – von der Vergöttlichung der Menschen. Wenn Gott nicht existiert, dann muss der Mensch selbst Gott sein. Man kann das so verstehen, dass die Menschlichkeit in uns eine bessere Welt schaffen kann. Das wäre eine Utopie vom ewigen Frieden, eine Welt von Republiken. In diesem Sinn können wir als Menschen Götter sein.

Die totalitären Diktaturen haben ein anderes Verständnis: Sie glauben, dass ein Mensch Gott ersetzen kann. Hitler ebenso wie der Atheist Stalin wollten Götter werden. Stalin hatte sogar Pläne zur Modellierung der Natur, er wollte die Natur in ganz Russland verändern, er wollte eine neue Welt schaffen. In seinen letzten Jahren hat Stalin zudem auch den Juden den Krieg erklärt.

In seinem Wunsch, Gott zu sein, führte Hitler die alten Zeremonien der vorchristlichen germanischen Welt wieder ein. Aus diesem Grund sah er die Juden als seine natürlichen Feinde. Ich kann den Holocaust nicht anders verstehen als religiös: Die Nazis wollten Gott besiegen. Man darf nicht vergessen, dass sich die Juden als Gottes auserwähltes Volk sahen und glaubten, sie würden bis zum Ende der Welt existieren, weil sie die einzigen Zeugen seien. Wenn man Gottes auserwähltes Volk vernichtet und damit die letzten Zeugen dafür, dass Jesus gelebt hat, kann man ihn aus dem Gedächtnis der Menschen löschen. Das ist auch die Gedankenwelt von Richard III., der seine Kinder töten lässt und glaubt, nur dadurch ein wirklicher König zu sein.

Solche radikal bösen Menschen glauben, dass sie alle töten müssten, die sie als Feinde betrachten, um wirkliche Könige oder Führer oder irdische Götter zu werden. Weltregierung ist eine Konzeption der Moderne. Auch John Gabriel Borkman, eine Figur von Ibsen, wollte die Welt beherrschen. Führer wie Hitler und Stalin haben die moderne Ideologie der Weltherrschaft empirisch verstanden und wörtlich genommen. Ich kann den Grund für den Holocaust nur so verstehen, dass es um einen Kampf gegen Gott ging, um einen Kampf für die Vergöttlichung der Führung.

Man fragt oft, ob diese Führer verrückt waren – ich glaube nicht. Wenn man vom Gedanken der Weltherrschaft besessen ist, erscheint dies vielleicht wie eine Geisteskrankheit. Hitler und Stalin waren jedoch nicht geisteskrank, obwohl das manchmal so aussah. Ein Mensch, der besessen ist vom Weltmachtgedanken, kann niemandem vertrauen. Er steht allein in der Welt und verliert den Sinn für die Wirklichkeit. Das radikale Böse ist radikal, weil es Millionen Menschen vernichtet unter der Führung einer destruktiven Ideologie.

Es ist nicht so wichtig, welche Art der Persönlichkeit dieses radikale Böse errichtet. Ein amerikanischer Psychologe hat die Persönlichkeiten miteinander verglichen und kam zu dem Ergebnis, Stalin sei ein Sadist gewesen und Hitler nekrophil. Ich kann dem nichts abgewinnen. Das Problem ist:

Was einmal in der Welt existiert hat, das kann man wieder nachahmen. Heute sagt man zwar, das könne niemals wieder geschehen, aber ich bin skeptisch. Was einmal passiert ist, ist Teil der Einbildungskraft der Menschen, und was in der Vorstellung der Menschen vorkommt, das kann es auch wieder geben – wahrscheinlich nicht auf dieselbe Weise, aber in irgendeiner anderen Form.

Der Islamismus hat mit dem eigentlichen Islam sehr wenig zu tun, aber er benützt den Islam in derselben Weise, wie der Stalinismus Marx benützt hat und wie Hitler Wagner benützt hat. Sie wurden für die Ziele eines totalitären Regimes ausgebeutet.

6. Klassenvorurteile, Vorurteile gegen Frauen und sexuelle Vorurteile

Klassenvorurteile, Vorurteile gegen Frauen und sexuelle Vorurteile sind über die Frage der Gerechtigkeit miteinander verknüpft. Wenn jemand diskreditiert wird, sagt er, ihm sei eine Ungerechtigkeit widerfahren. Wenn eine Frau eine Position nicht bekommt und ein Mann bevorzugt wird, obwohl er vielleicht weniger qualifiziert ist, sagt sie nicht nur, sie sei diskriminiert worden, sondern auch, ihr sei Unrecht geschehen.

Statische und dynamische Gerechtigkeit

Es gibt zwei wichtige Grundtypen von Gerechtigkeit: Die eine kann man als statisch bezeichnen, die andere als dynamisch. Statische Gerechtigkeit ist eine einfache Sache. Sie ist so alt wie die Menschheit, wir kennen keine Kultur, die diesen Begriff nicht kannte.

Wenn eine menschliche Gemeinschaft, sei es eine Schulklasse, eine politische Partei oder eine Nation, durch Regeln und Normen konstituiert ist, dann müssen diese auf alle Individuen gleichermaßen konsequent angewendet werden. Wenn 20 Studenten eine Prüfung ablegen und auch die Schlechteren gute Noten bekommen, werden die Guten sagen, sie seien ungerecht behandelt worden, und sie werden fragen, warum. Wenn in einer Familie mit drei Töchtern zwei vom Vater Schokolade bekommen, dann wird das dritte Mädchen sagen, das sei ungerecht, alle sollten gleich behandelt werden. Das gilt auch für Staatsbürger, zum Beispiel bei der Gleichheit vor dem Gesetz.

In allen Gesellschaften, in allen Kulturen weiß man, was Ungerechtigkeit ist: Sie geschieht meist aufgrund von Vorurteilen. Das können gesellschaftliche Vorurteile sein. Wenn ein Mädchen in der Schule schlecht angezogen ist, dann glaubt der Lehrer vielleicht, es sei arm, und gibt einem besser angezogenen Mädchen spontan die besseren Noten. Oder wenn ein Mädchen aus einer fremden Kultur kommt, wird es wahrscheinlich anders behandelt als die Mädchen aus der eigenen Kultur. Es spricht die Sprache nicht so gut und bekommt schlechtere Noten, obwohl es ebenso gut gelernt hat und ebenso viel weiß.

Rassendiskriminierung spielt eine große Rolle, zum Beispiel gegen Farbige in den Südstaaten der USA. Diese Diskriminierung kann politische Diskriminierung durch den Staat sein oder gesellschaftliche Diskriminierung. Jeder weiß, dass im Süden der USA noch in den Vierzigerjahren ein Farbiger einem Weißen den Sitzplatz überlassen musste. Der Farbige konnte mit Recht sagen, es sei ihm eine Ungerechtigkeit widerfahren.

Diskriminierung ist nicht nur gesellschaftlich, sie kann auch persönlich sein. Menschen haben persönliche Vorurteile – aufgrund ihrer eigenen Erlebnisse. Wenn in einer Schulklasse ein Kind jemandem ähnelt, der sich früher einmal feindselig gegenüber dem Lehrer verhalten hat, wird der Lehrer dieses Kind spontan diskriminieren. Das Kind wird sich bei seinen Eltern über die Ungerechtigkeit beklagen.

Das kann auch vor Gericht geschehen. In einem amerikanischen Film muss eine zwölfköpfige Jury entscheiden, ob ein junger Mann des Diebstahls schuldig ist oder nicht. Elf Personen sind anfangs der Meinung, er sei schuldig, nur eine Person meint, der Mann sei unschuldig. Am Ende stellt sich heraus, dass alle Personen, die den Mann von Anfang an für schuldig hielten, ohne den Sachverhalt genauer zu kennen, eigene Erfahrungen hatten, die sie prädisponierten, ihn für schuldig zu befinden.

Auch Kinder untereinander können ungerecht sein. Besonders rassische oder andere ethnische Stereotype kommen dabei oft vor. Wenn ein Kind schlecht gekleidet ist, weil die Eltern arm sind, wenn er oder sie die Sprache nicht beherrscht, eine andere Hautfarbe hat oder im Sport nicht gut ist, kommt es häufig zu Diskriminierung durch andere Kinder.

Diskriminierung geschieht nicht nur verbal, sondern auch durch Gewalt. Es gibt viele Geschichten darüber, dass Kinder geschlagen werden, von anderen Kindern oder auch von Lehrern, weil man Stereotype übertragen hat, das Kind nicht so behandelt wie die anderen. Man kann auch eine Ausnahme nennen: Wenn etwa ein Verwandter oder Freund der Familie Direktor der Schule ist, kann es zu positiver Diskriminierung kommen. Diese kommt auch im politischen Bereich vor, etwa um vorangegangene Ungerechtigkeiten auszugleichen, zum Beispiel positive Diskriminierung von Frauen oder Afroamerikanern in den USA.

> *Negative Diskriminierung gibt es natürlich auch im politischen Bereich, zum Beispiel die „qualitative Einschränkung" des Wahlrechts. Anfangs war das Wahlrecht immer eingeschränkt, man brauchte bestimmte Qualifikationen, um wählen zu dürfen. Staatsbürger wurden in zwei Gruppen geteilt: Passive Staatsbürger waren als solche anerkannt, hatten jedoch kein Wahlrecht. Um wählen zu dürfen, musste man erstens lesen und schreiben können: Das richtete sich gegen die Farbigen im Süden der USA. Zweitens musste man Eigentum besitzen: Das war lange Zeit die wichtigste Qualifikation in Europa. Anfangs waren auch nur Männer wahlberechtigt, man musste selbstständig tätig sein und beruflich unabhängig, also nicht Angestellter oder Arbeiter: Das war in Europa gang und gäbe.*

Auch Kant glaubte, dass nur ein Selbstständiger das Wahlrecht haben sollte, weil ein Abhängiger immer die Partei seines Arbeitgebers wählen würde. Frauen sollten auch deshalb kein Wahlrecht haben, weil sie ohnehin dieselbe Partei wählen würden wie ihr Mann. Die Regeln für passive und aktive Staatsbürger betrafen jedoch nicht die Gleichheit vor dem Gesetz, denn diese war gegeben.

Es gab auch Unterschiede beim Zugang zum Studium. Frauen konnten anfangs nicht studieren, später wurden die Humanwissenschaften für sie geöffnet. Meine Großmutter war eine der ersten Studentinnen an der Universität Wien in den 1870er-Jahren. Sie musste hinter einem Paravent sitzen, damit die Studenten sie nicht sehen konnten. Ingenieurwissenschaften und Naturwissenschaften standen den Frauen nur in wenigen Staaten Europas offen, zuerst in Frankreich. Die technischen Wissenschaften waren die letzten, die für Frauen geöffnet wurden.

Man sieht also, dass auch in der Frage der statischen Gerechtigkeit große Ungerechtigkeiten vorkommen und verschiedene Vorurteile – gegen Frauen, Rassenvorurteile, Klassenvorurteile – eine sehr große Rolle spielen.

Für die dynamische Gerechtigkeit können auch Normen und Regeln ungerecht sein. Es geht nicht mehr nur darum, sie konsequent auf den Einzelnen anzuwenden, sondern darum, ob die Normen und Regeln selbst gerecht oder ungerecht sind. Nicht alle Gesellschaften kennen die dynamische Gerechtigkeit, in alten Zeiten kam sie nur vor, wenn es zu einem Konflikt innerhalb der Gesellschaft kam.

So etwas geschah beispielsweise in Athen im 5. Jahrhundert vor Christus. Einige Sophisten sagten, es sei nicht gerecht, dass einige als Sklaven geboren seien und andere als freie Menschen. Denn auch unter den Sklaven waren viele freie Menschen, bevor sie in einem Krieg besiegt und versklavt wurden. Sie waren nicht als Sklaven geboren, daher sei es nicht gerecht, dass sie als Sklaven dienen.

Die Fragestellung gilt hier den Regeln und Normen von Gerechtigkeit selbst. Die These ist, dass die existierenden Normen nicht gerecht sind und durch andere ersetzt werden müssen. In der Moderne ist das wesentlich geworden, was wir dynamische Gerechtigkeit nennen – und wird auch praktiziert. So tauchte im 19. Jahrhundert etwa die Forderung auf, dass die Teilung in aktive und passive Staatsbürger nicht gerecht sei und dass alle Staatsbürger das Recht haben sollten, zu wählen und gewählt zu werden. Der Unterschied zwischen aktiven und passiven Staatsbürgern wurde aufgehoben.

Dasselbe geschah mit den Frauen. Die sogenannten „Suffragetten" kämpften um das Wahlrecht für Frauen. Diese große Bewegung des 19. Jahrhunderts vertrat den Standpunkt, es sei Unrecht, dass nur die Männer wählen. Am Ende hatten die Suffragetten ihr Ziel erreicht – in der Schweiz allerdings erst im Jahr 1971. Damit gehörten auch die Frauen zur Gruppe der aktiven Staatsbürger.

In einem modernen demokratischen Land gibt es keinen Unterschied zwischen aktiven und passiven Staatsbürgern. Man wendet dieselben Normen und Regeln auf alle Staatsbürger an, und zwar gleich und konsequent, ohne Differenzierung zwischen arm und reich, selbstständig und abhängig, Mann und Frau.

Die dynamische Gerechtigkeit gehört zur gegenwärtigen Konzeption der Gerechtigkeit. Wenn in einer modernen Gesellschaft soziale Konflikte ausgetragen werden, geht es fast immer um dynamische Gerechtigkeit. Es geht immer darum, warum bestimmte Gruppen bestimmte Rechte nicht haben, und darum, dass die Regeln geändert werden müssten. Die Sprache der dynamischen Gerechtigkeit kennzeichnet die moderne Gesellschaft. Sie nimmt auch in den Zeitungen den größten Raum ein.

Wenn man sich für oder gegen etwas einsetzt, muss es einen Grund geben, ein gemeinsames Fundament für den Standpunkt, von dem aus man argumentiert. Es muss etwas als selbstverständlich anerkannt sein, denn nur dann kann man ein Argument darauf gründen und bis zum Ende führen. Man kann einen anderen nur dann überzeugen, dass ein Argument stichhaltig ist, wenn man von einem gemeinsamen Standpunkt ausgeht.

In der Praxis beruft man sich auf drei Werte: Leben, Gleichheit und Freiheit. Das Wahlrecht für Frauen beruft sich zum Beispiel auf Freiheit und Gleichheit: Wenn – wie es in der Verfassung steht – alle Menschen frei geboren sind, dann muss das auch für die Frauen gelten. In allen Fällen, wo es um Qualifikation für das Wahlrecht geht, argumentiert man auf der Basis von Gleichheit und Freiheit.

Die dynamische Gerechtigkeit kann nicht nur einzelne Fälle der Diskriminierung beurteilen, sondern auch die Diskriminierung einer Gruppe im Allgemeinen. Die statische Gerechtigkeit kann nicht gegen Diskriminierung im Allgemeinen argumentieren, sondern nur gegen den einen oder anderen individuellen Fall. Das gilt auch, wenn der Einzelfall auf einer Ungerechtigkeit gegenüber einer Gruppe beruht. Wird etwa ein Roma-Kind diskriminiert, ist die statische Ungerechtigkeit die Folge der Diskriminierung der Roma im Allgemeinen, und diese gehört schon in den Bereich der dynamischen Gerechtigkeit. Statische und dynamische Ungerechtigkeit sind in der Moderne oft miteinander verknüpft.

In der Frage der Gleichberechtigung der Frauen berufen sich manche auf die Bibel, doch wenn sie das tun, haben sie die Bibel nicht richtig gelesen. Dort gibt es zwei Schöpfungsgeschichten. In der ersten heißt es, Gott habe den Menschen aus seinem Ebenbild geschaffen, er habe Mann und Frau geschaffen, ohne Unterscheidung, beide aus seinem Antlitz. Die zweite, in der von der Schöpfung der Frau aus der Rippe des Mannes die Rede ist, ist etwa 500 Jahre älter. Der nächste Satz lautet: „Darum wird ein Mann Vater und Mutter verlassen und an seinem Weibe hangen, und sie werden sein ein Fleisch." Erst als sie aus dem Paradies fliehen müssen, der Mann arbeiten muss und die Frau das Kind bekommt, sagt die Bibel, die Frau folge dem Mann. Das ist einfach eine empirische Beschreibung der Tatsachen, nicht das Schicksal der Frau von Anfang an. Daher ist es falsch, sich hier auf die Bibel zu berufen.

Verteilende und strafende Gerechtigkeit

Ein anderer Typus von Gerechtigkeit lässt sich in die Kategorien von statisch oder dynamisch nicht ohne Weiteres einordnen: die distributive Gerechtigkeit. Die Verteilung von Gütern, Menschen und Arbeit soll in der modernen Gesellschaft gerecht geregelt sein.

Verteilende Gerechtigkeit hängt zusammen mit einem Grundwert der Moderne, der auf der Kategorie der Gleichheit beruht. Die Frage ist: Was bedeutet dieser Begriff Gleichheit? Man kann sagen, die Gleichheit vor dem Gesetz gehört zur statischen Gerechtigkeit. Wenn die Regeln und Normen auf eine Gruppe der Gesellschaft gleich angewendet werden, dann ist die statische Gerechtigkeit gegeben. Dann besteht eine Art von Gleichheit in der Gruppe.

Wenn man in der Französischen Revolution über Gleichheit sprach, ging es um mehr: die Gleichheit aller Staatsbürger. Anders als die alte Ständegesellschaft ist die moderne Gesellschaft nach dem Prinzip der Funktion gegliedert. Der Platz, den jemand in der Hierarchie der Gesellschaft einnimmt, hängt von der Funktion ab, die er ausübt.

In diesem Zusammenhang heißt Gleichheit, dass alle die gleichen Chancen haben. Die Menschen werden je nach ihren Begabungen verschiedene Funktionen ausüben und daher auch verschiedene Plätze in der Hierarchie einnehmen. Dass sie zu Beginn ihres Lebens gleiche Chancen haben, ist für die moderne Gesellschaft unabdingbar und die Voraussetzung, diese gesellschaftliche Struktur anerkennen zu können.

Um für alle gleiche Chancen zu eröffnen, muss der Staat etwas dafür tun. Natürlich gibt es nie wirklich gleiche Chancen, das ist eine Idee, und die Gesellschaft ist nie ganz auf der Höhe ihrer eigenen Ideen. Doch die Idee ist sehr wichtig und wirkt im Kopf der Menschen, das heißt, sie ist konstitutiv für das Leben einer modernen Gesellschaft. Und diese Gesellschaft ist auf die Idee gegründet, dass die Menschen die Freiheit haben sollen, ihre Kräfte so einzusetzen, dass sie ihre Chancen nützen können. Das hängt mit der verteilenden Gerechtigkeit zusammen.

Gleiche Chancen heißt, dass die Chancen auch gleich verteilt sind. Die Grundverteilung von arbeitenden Menschen und Gütern geschieht in der modernen Gesellschaft auf dem Markt. Arbeitgeber und Arbeitnehmer schließen als freie und gleiche Partner einen Vertrag, sagt Karl Marx, aber die Konsequenz des Vertrags ist Ungleichheit der Chancen im Leben, und das ist eine Ungerechtigkeit, die den Werten der Moderne widerspricht. Deshalb muss der Staat umverteilen: Sein Auftrag ist die verteilende Gerechtigkeit. Er muss die Güter, das Geld und dadurch auch die Möglichkeiten und Chancen relativ gleich verteilen.

Über die Frage der verteilenden Gerechtigkeit gibt es in der modernen Gesellschaft laufend Konflikte. Wie viele Steuern soll man zahlen? Wer soll diese Steuern zahlen? Wer bekommt die Steuergelder? All diese Probleme sind Fragen der Gerechtigkeit. Immer wieder wird die Meinung vertreten, eine bestimmte Gruppe sei das Opfer der Umverteilung, weil die Redistribution ungerecht sei.

Hier kommen Klassenunterschiede, ethnische Unterschiede und noch viele andere ins Spiel. Soll man zum Beispiel Gastarbeiter gleich oder anders behandeln als Staatsbürger, was distribuierende Gerechtigkeit betrifft? Einige sagen, das sei Diskriminierung, andere meinen, es sei keine, weil Gastarbeiter keine Staatsbürger seien und man daher nicht dieselben Regeln und Werte auf sie anwenden könne.

Vor einigen Jahren wollte man in den USA ein Gesetz einführen, dass Kinder von illegalen Immigranten nicht in staatliche Schulen gehen dürften (es wurde übrigens nicht beschlossen). Auch hier stand die Frage im Raum, ob es gerecht ist, für Kinder von illegalen Immigranten zu zahlen oder nicht. Alle Kinder sollen doch in die Schule gehen dürfen. Die distribuierende Gesetzgebung und das Problem der gleichen Chancen hängen zusammen mit den Problemen der Diskriminierung von ethnischen Gruppen, Klassen, Immigranten, Frauen etc.

Ein weiterer Typ der Gerechtigkeit ist die strafende Gerechtigkeit. Hier geht es um drei Prinzipien des Strafens, und auch hier ist die Frage, welches Prinzip gerecht oder ungerecht ist. Das erste Prinzip, die Retribution, besagt, dass man einen Menschen für das strafen muss, was er getan hat, und zwar im Verhältnis zur Schwere seiner Tat. Steht jemand zum zweiten Mal vor Gericht, interessiert es nach diesem Prinzip nicht, ob er vorher schon straffällig war, er kann nur für die aktuelle Tat bestraft werden.

Das zweite Prinzip will die Gesellschaft vor Bösewichten schützen. Danach wird jemand nicht dafür bestraft, was er getan hat, sondern dafür, wie gefährlich er für die anderen ist. Hat er zum Beispiel seine Mutter ermordet, wird er weniger bestraft, als wenn er einen Fremden ermordet hat, weil hier eine Wiederholung möglich ist. Die Höhe der Strafe hängt von der Gefahr ab, die vom Verurteilten für die Gesellschaft ausgeht – eine präventive Maßnahme. Demnach werden Personen, die schon einmal bestraft wurden, beim nächsten Mal strenger bestraft. Das steht im Gegensatz zum ersten Prinzip.

Das dritte Prinzip ist, jemanden zu bestrafen, um ihn zu bessern. Die Vorstellung ist, dass die Menschen gebessert aus dem Gefängnis kommen. Heute besteht Einigkeit darüber, dass das Gefängnis nicht reformiert, sondern eher den gegenteiligen Einfluss auf den Menschen hat: Er wird mit mehr Problemen, als er vorher hatte, aus dem Gefängnis kommen. Das heißt nicht, dass niemand sich bessert, wenn er sich aber bessert, dann nicht wegen des Gefängnisses, sondern trotzdem. Michel Foucault hat in „Überwachen und Strafen“ viel und sehr interessant darüber geschrieben. Er glaubt natürlich nicht, dass man jemanden in einem Gefängnis bessern kann.

Heute greift man leider meist auf das zweite Prinzip zurück: Man bestraft Menschen, um die Gesellschaft vor dem „kriminellen Element“ zu schützen. In modernen Gesellschaften wird normalerweise das Prinzip der präventiven Gerechtigkeit angewendet. Foucault sagt, dass dieses Prinzip den Begriff „kriminelles Element“ überhaupt erst hervorgebracht habe. Bis dahin gab es solche Elemente nicht, sondern nur Menschen, die etwas getan haben, wofür sie bestraft wurden. Heute beobachtet die Polizei die „kriminellen Elemente", um festzustellen, ob sie wieder etwas getan haben.

Dieses Prinzip ist natürlich ungerecht, gibt es doch etwa Menschen, die gar nicht anders können, als zu stehlen. Sie sind weniger gefährlich als bedauernswert. Vielleicht ist es eine Art Trieb, vielleicht haben sie auch einfach nichts zu essen.

> *In armen Ländern sind es meist arme Leute, die mehrfach stehlen, weil die Kinder nichts zu essen haben. Deshalb ist das präventive Prinzip diskriminierend. Ich glaube, dass es gerechter wäre, einen Menschen nur für das zu bestrafen, was er getan hat, unabhängig davon, ob er vorher schon etwas Ähnliches getan hat oder nicht. Auch in diesem Fall werden allerdings arme Menschen diskriminiert.*

Schließlich gibt es noch eine Unterscheidung der Gerechtigkeit, und zwar zwischen gerechtem und ungerechtem Krieg. Auch hier gibt es Diskriminierung, und man unterscheidet zwei Ebenen: das Recht, Krieg zu führen, und das Recht in der Kriegsführung. Gesetze gegen bestimmte Kriegsverbrechen sind international anerkannt. Seit sich internationale Organisationen mit Kriegsrecht auseinandersetzen und kollektive Entscheidungen treffen, herrscht auch Diskriminierung einiger Länder gegenüber anderen.

Auch vom Standpunkt der Vorurteile ist die Idee der Gerechtigkeit sehr wichtig. Worin besteht Gerechtigkeit? Man kann sagen, jeder Mensch muss gleich behandelt werden, besonders in Fragen der distribuierenden Gerechtigkeit. Jeder soll das gleiche Stück vom Brot haben, die gleiche Wohnung, die gleiche Schule. Dieses Prinzip wird in der modernen Gesellschaft nicht als gerecht anerkannt und gilt auch als diskriminierend: Warum soll jeder gleich behandelt werden, wenn einer faul ist und der andere nicht? Ich möchte mich hier nochmals auf Karl Marx berufen. Er hat gesagt, dieses Prinzip sei „verallgemeinerter Neid“: Alle Menschen sind neidisch, wenn ein anderer mehr hat. Das Prinzip ist nicht anerkannt, außer vor dem Gesetz: Hier muss jeder gleich behandelt werden.

Ein wichtiges Prinzip lautet: „Jeder nach seiner Arbeit.“ Insbesondere die Frauen führen hier schon einen langen Kampf, für gleiche Arbeit auch gleichen Lohn zu bekommen. Im Grunde anerkannt ist das Prinzip: „Jeder nach seinem Verdienst.“

Problematisch hingegen ist das Prinzip: „Jedem nach seinem Bedürfnis.“ Kann man jemandem nach seinem oder ihrem Bedürfnis etwas geben? Dies wird nur im Fall von Krankheit anerkannt: Braucht jemand ein Medikament, einen Arzt oder ein Krankenhaus, um wieder gesund zu werden, dann müssen die Menschen wirklich gleich sein und nach ihren Bedürfnissen behandelt werden. Verspürt jemand aber das Bedürfnis nach einer großen Villa, dann wird das nicht notwendigerweise zu befriedigen sein, und wer sollte das tun?

Die Idee, dass man alle Bedürfnisse befriedigen kann, hat es gegeben, aber das ist eine Unmöglichkeit. David Hume sah nur zwei Situationen, in denen das funktioniert: Zum einen gilt das im Fall der absoluten Bedürftigkeit, zum Beispiel im Krieg, wenn niemand etwas hat, oder in der Kriegsgefangenschaft. Und zum anderen, wenn absoluter Reichtum herrscht, wenn die Natur uns alles gibt. Dann berührt die Befriedigung unserer Bedürfnisse nicht die anderer Menschen. Aber in der normalen Situation relativer Armut oder relativen Reichtums kann man nicht alle Bedürfnisse befriedigen.

Parvenus

Wenn es in einer Gesellschaft ein Vorurteil gegen ethnische Gruppen, gegen Rassen oder Klassen gibt, dann identifizieren sich oft diejenigen damit, gegen die ein Vorurteil gerichtet ist. Sie verstehen sich selbst so, wie die anderen sie sehen. Von daher stammt eine Art des Benehmens von Menschen, die Hannah Arendt als „Parvenus“ bezeichnet hat.

Ein Parvenu ist ein Mensch, dessen Gruppe unter Vorurteilen der Gesellschaft zu leiden hat. Er erkennt die Vorurteile an und benimmt sich so, als ob er nicht zu dieser Gruppe gehörte. Hannah Arendt nennt das Beispiel des Juden, der sich nicht als Jude definiert und sich jenen Klassen der Gesellschaft assimiliert, die Vorurteile gegen Juden hervorgebracht haben. Er kleidet sich so wie sie, er spricht so wie sie, um den Eindruck zu erwecken, dass er zu ihnen gehört.

Dies gilt auch bei Klassenvorurteilen. Unter die kolonisierenden englischen Aristokraten mischten sich Parvenus aus der Arbeiterklasse, ohne dass man es ihnen ansah. Sie wollten so sehr als Aristokraten erscheinen, dass sie mehr Vorurteile gegen die Inder entwickelten als die Engländer selbst.

> *Das 19. Jahrhundert war das Jahrhundert der Parvenus, geprägt von einer typischen Klassengesellschaft, in der es im Wesentlichen keine Stände mehr gab. Es war möglich, sich von einer Klasse in die andere „hinaufzuarbeiten“. Die Menschen begannen, sich ihrer eigenen Klasse zu schämen und sich so zu benehmen, als ob sie zur höheren Klasse gehörten. Die Parvenus assimilierten sich immer an höhere Klassen, lernten zum Beispiel, Kings English zu sprechen, obwohl sie ursprünglich Cockney gesprochen hatten.*

Verschiedene Klassen und ethnische Gruppen können sich so assimilieren, dass sie sich zumindest vorstellen können, die anderen würden nicht bemerken, woher sie wirklich stammen. Nur bei Frauen geht das nicht. Sie identifizieren sich zwar mit den Stereotypen der Männer, können aber nicht so tun, als wären sie wirklich Männer. George Eliot und George Sand waren Frauen, die männliche Pseudonyme wählten, um ihre Bücher zu verkaufen, als Personen konnten sie sich natürlich nicht als Männer vorstellen. Die Identifikation mit den Vorurteilen muss hier eine andere Erscheinungsform suchen.

Sexuelle Vorurteile

Vorurteile gegen Frauen gehören auch zu den sexuellen Vorurteilen. Foucault hat drei Bücher über die Geschichte der Sexualität geschrieben, das erste über die viktorianische Zeit. Für ihn existiert Sexualität nur in der Moderne, genauer gesagt: seit dem 19. Jahrhundert.

Unter Sexualität werden ganz unterschiedliche Aktivitäten und Gefühle zusammengefasst. Bis zum 18. Jahrhundert konnte sich niemand vorstellen, für das, was in einer heiligen Ehe geschieht und in einer homosexuellen Beziehung und beim Onanieren eines Kindes, denselben Begriff zu verwenden. Was zwischen Mann und Frau passiert, ist Tugend. Alles andere, wie ein außerehelicher Geliebter, eine homosexuelle Beziehung oder Masturbieren, ist Sünde. Da Tugend und Sünde nicht in dieselbe Kategorie gehörten, wäre ein Begriff oder Konzept wie Sexualität gar nicht verständlich gewesen.

> *Der Begriff der Sexualität ist in viktorianischer Zeit entstanden. Damals wurden diese Aktivitäten nicht als Tugenden oder Laster, als gut oder böse kategorisiert, sondern man fand eine andere Art von Kategorien. Es war die Zeit der Kliniken und der sogenannten psychischen Erkrankungen, eine Zeit, in der ein Mensch mit Visionen nicht mehr als heilig galt, sondern als verrückt – auch das war neu. Die Kategorie der Geisteskrankheit ist eine Kategorie des 19. Jahrhunderts.*

An die Stelle von Tugend und Laster traten neue Begriffe: natürlich und unnatürlich oder natürlich und pervers. Die Kategorie der Perversionen war neu: Perversion ist nicht böse, sondern unnatürlich. Was zwischen Frau und Mann passiert, ist natürlich. Neu war damals auch, dass es als natürlich galt, wenn es außerhalb der Ehe passierte – 100 Jahre zuvor wäre das noch ein Laster gewesen. Eine Art von Laster galt jetzt als natürlich, andere Typen des Lasters als unnatürlich und pervers.

Die sogenannten Perversen fürchteten sich nicht mehr vor einer Strafe Gottes, schämten sich aber vor anderen Menschen und verheimlichten ihre Neigungen. Vor Gott kann man nichts verheimlichen, vor anderen Menschen schon. Die Bewertung dieser Aktivitäten hat sich im 19. Jahrhundert geändert.

In dieser Zeit begann Sigmund Freud in Wien zu arbeiten. Der „Vater der Psychoanalyse" hat drei sehr wichtige Entdeckungen gemacht, die alle etwas mit dem Unbewussten zu tun haben. Man hat immer gewusst, dass manches unbewusst passiert, das Unbewusste an sich war nicht neu. Doch Freud konnte die Manifestationen des Unbewussten erforschen. Die erste ist der Traum, hier erscheint das Unbewusste in verschleierter Form. Man muss vom manifesten zum latenten Traum kommen, um die wirkliche Botschaft zu dechiffrieren. Darüber hinaus erscheint das Unbewusste in den Fehlleistungen und in den Witzen. Dass es in diesen drei Manifestationen sichtbar wird, war die große Entdeckung von Freud.

Die Sexualität interpretierte er durch die „Libido", eine mystische Kraft, aus der die verschiedenen Erscheinungsformen der Sexualität kommen. In allen sexuellen Akten erscheint dieselbe Libido, egal ob „natürlich" oder „pervers". In diesem Sinn hat Freud die Konzeption des viktorianischen Zeitalters übernommen.

Freud hat zwischen natürlichem Geschlechtsverkehr und Perversionen unterschieden, in diesem Sinn war er ein konservativer Viktorianer. Für ihn gab es einen gesunden Geschlechtsverkehr zwischen Mann und Frau – unabhängig davon, ob sie ein Ehepaar waren oder nicht. Alle anderen sexuellen Aktivitäten, insbesondere Homosexualität, waren für Freud Aberrationen, Perversionen. Man musste die Menschen heilen, die darunter litten. Homosexuelle sollten heterosexuell werden.

Freud hat auch die Sexualität der Kinder entdeckt, die dem alten christlichen Standpunkt ganz und gar fremd war. Katholiken, Protestanten oder Juden unterschieden zwischen Tugend und Laster: Laster war alles, was nicht zwischen Ehepaaren passierte. Doch keine Religion gestand Kindern Sexualität zu: Sie galten als „unschuldig" und mussten es bleiben, bis sie 13 oder 14 waren. Sie durften nicht wissen, was die Erwachsenen tun, man durfte zu ihnen auch nicht darüber sprechen. Die christliche Vorstellung war, dass Kinder unschuldig sind, solange sie „es" nicht tun.

Im 19. Jahrhundert war diese Unschuld zu Ende. Freud entdeckte und beschrieb die Sexualität der Kinder: dass auch Kinder erotische und sexuelle Spiele spielen, dass sie überhaupt nicht „unschuldig" sind, dass sie von der Mutter erotisch angezogen werden und deswegen den Vater hassen. Freud verknüpfte seine Beobachtung auch mit dem ödipalen Komplex: Die Erfahrung eines Kleinkindes, das einen sexuellen Akt zwischen den Eltern sieht oder zumindest hört und nicht versteht, was da passiert, führt zu einen Komplex, unter dem das Kind sein ganzes Leben lang leiden wird – weil es nichts darüber wusste.

Mit Freud verschwand die christlich-jüdische Konzeption von der Unschuld der Kinder, Wissen und Tun wurden verschieden. Foucault glaubt, dass die neue Konzeption nicht als Repression beschrieben werden kann, weil man immer über Sexualität sprechen konnte. Man sprach über den ödipalen Komplex, man sprach Tag und Nacht über Libido. Das Sprechen war ebenfalls ein erotischer Akt, auch wenn man sich das nicht eingestand. Die erotische Befriedigung wuchs seit der Neukonzeption von Perversion und Normalität.

Ein weiteres Thema führt uns von Freud zum Problem der Frauen. Nicht nur Freud, auch Foucault spricht ausschließlich über die Sexualität der Männer, Frauen sind von diesem Diskurs ausgeschlossen. Foucault spricht über Perversionen und natürliche Sexualität, er interpretiert die Differenz zwischen den alten religiösen und den modernen biologischen Konzeptionen von Sex und Libido, doch alle seine Beispiele handeln von Männern oder Knaben.

Das ist auch bei Freud der Fall. Er spricht zwar über Frauen, bezieht sich dabei aber auf den Penisneid der Mädchen, die lieber Jungen wären. Sie haben einen Kastrationskomplex, da sie früher einen Penis hatten, aber kastriert wurden. In dieser Auffassung Freuds, dass Frauen keine vollgültigen Menschen sind, kehrt die ursprüngliche Konzeption von Aristoteles zurück. Er sagte, dass die Frauen halb entwickelte Männer sind, weil ihnen etwas fehlt. Es geht nicht darum, was die Frauen haben, sondern immer darum, was die Frauen nicht haben.

Vorurteile gegen Frauen

Freud war einer der größten Männer der modernen Wissenschaft. Auch wenn das, was er sagte, eher Philosophie war als Wissenschaft, war es doch sehr wichtig. Er spricht über Frauen, die sich einbildeten, Männer, Väter, Stiefväter oder Onkel hätten sexuelle Spiele mit ihnen gespielt oder sie vergewaltigt. Er glaubt und schreibt, all das sei nur Fantasie. In seinen Augen haben die Mädchen erotische Fantasien und erzählen Geschichten darüber. Die feministische Bewegung bezweifelt dies heute radikal.

> *Es ist eine Tatsache, dass kleine Mädchen von Vätern, Stiefvätern und Onkeln erotisch benützt und manchmal auch vergewaltigt werden – das trifft ebenso auf Jungen zu. Es ist keine Fantasie, sondern eine Erzählung über etwas, das wirklich passiert ist. Freud erlag hier dem Vorurteil seiner eigenen Epoche, einem der Vorurteile gegen Frauen. In einer neuen Form ist es dasselbe Vorurteil, das Aristoteles formuliert hat.*

In der Zeit der bürgerlichen Klassengesellschaft, besonders in der Bürgerklasse, verhärteten sich die Vorurteile gegen Frauen. Man könnte annehmen, dass die Vorurteile gegen Frauen in der Moderne – als man viele Vorurteile bekämpfte – zurückgegangen seien, doch das war nicht der Fall. In der Zeit der Entwicklung der bürgerlichen Welt haben sich die Vorurteile gegen Frauen sogar verstärkt. Das erstaunt weniger, wenn man daran denkt, was ich über den Prozess der Zivilisation gesagt habe. Norbert Elias hat in seinem gleichnamigen Buch dargestellt, wie das Bürgertum seine eigenen Normen und Sitten ausgearbeitet hat, um sich gegen den Adel zu profilieren. Man wollte sich als streng moralische Klasse verstehen und von der weniger moralischen Aristokratie abheben.

> *Die Frauen wurden abhängiger von den Männern als je zuvor. In der bürgerlichen Welt gibt es die Heilige – die Mutter, die Frau des Mannes – und die Hure, doch keine dritte Klasse. Frauen sind entweder Heilige oder Huren, sie wurden auch entsprechend erzogen. Ihre Erziehung hat sich schon immer von der der Männer unterschieden, doch nie so radikal wie in der Zeit des Bürgertums.*

Wer die Romane von Jane Austen gelesen hat, weiß, wie Mädchen erzogen wurden. Immerhin durften sie reiten und es gab Sportarten, in denen Frauen ebenso aktiv waren wie Männer. Damit ist es in der bürgerlichen Welt vorbei. Liest man „Das andere Geschlecht“ von Simone de Beauvoir, erschienen 1949, erkennt man, wie sehr sich unsere Welt verändert hat, insbesondere das Verhältnis zwischen Männern und Frauen. Es war der Beginn einer feministischen Literatur, die nicht nur von Suffragetten kam.

Die Suffragetten wollten, dass die Frauen politisch emanzipiert sind, das Wahlrecht bekommen und als Staatsbürger aktiv sein können. Simone de Beauvoir ging darüber hinaus. Als sie ihr Buch schrieb, waren die Frauen keine passiven Staatsbürger mehr. Jetzt ging es nicht mehr nur um politische Emanzipation, sondern um gesellschaftliche: die Emanzipation von der Herrschaft der Männer.

Nach Simone de Beauvoir entstand eine große feministische Literatur, die weiter ging als sie selbst, doch sie machte den Anfang für die zweite Phase der Emanzipation: Die Frauen sollten nicht nur keine passiven

Staatsbürger mehr sein, sondern auch keine passiven Menschen mehr im Verhältnis zu den Männern.

Die traditionellen Urteile über die Frauen wurden zu Vorurteilen, weil es neue Urteile gab. Es galt jetzt als Unrecht, wie die Männer die Frauen benützten, als Unrecht, dass die Frauen in der Ehe und in der Welt im Allgemeinen unterdrückt waren. Weil das ungerecht war, wurden die Urteile über die Frauen zu Vorurteilen. Es ist ein Vorurteil, dass die Frauen entweder Heilige sind oder Huren. Ich selbst war schon erwachsen, als ich dieses Vorurteil noch immer von Männern zu hören bekam.

Die Frauen der bürgerlichen Zeit haben sich mit den männlichen Vorurteilen gegenüber Frauen identifiziert. Der Grundgedanke des Buches von Simone de Beauvoir ist, dass Männer die Frauen bestimmen. Was eine Frau ist, wie sie sich benehmen und aussehen soll, was sie tun und wie sie sein soll, wird vom Blick des Mannes bestimmt. Und die Frauen benahmen sich so, wie die Männer es von ihnen erwarteten – ähnlich wie die Parvenus.

Die Frauen spielten den Männern gegenüber eine Rolle, die sie nicht selbst bestimmt hatten. Wie eine Schauspielerin erhält die Frau eine Rolle, die für sie geschrieben ist, und sie beginnt, sich gemäß dieser Rolle zu benehmen. Frauen sollen solche Gesten machen, so lächeln, solche Frisuren haben und so kokett sein, wie Männer das von ihnen erwarten. Eine Frau soll eine gute Hausfrau sein und die Kinder so erziehen, wie der Mann das von ihr erwartet. Frauen interiorisieren diese Rolle, deswegen heißt das Buch auch „Das andere Geschlecht“: Das „eine“ bestimmt, wie die Frauen sein sollen, das „andere“ kann sich nicht selbst bestimmen.

Selbstbestimmung ist eine der traditionellen Kategorien der Moderne. Was Männer betrifft, geht die gesamte Ethik der Moderne über Selbstbestimmung. Man will der Mensch werden, für den man sich entschieden hat – das ist der Charakter der Selbstbestimmung. Aber Frauen dürfen sich nicht selbst bestimmen, sie werden von einem anderen bestimmt.

Simone de Beauvoir spricht auch davon, dass die Erziehung von Mädchen und Jungen verschieden ist. Mädchen müssen mit Puppen spielen, die sie als kleine Kinder pflegen. Man muss sie auf die Mutterrolle vorbereiten. Festgelegt wird auch, welche Kleidung sie tragen, wann einen kurzen Rock, wann einen langen Rock. Mütter sagen den Mädchen auch, wie sie sich vor einem Jungen zu benehmen haben.

Von Sexualität hatten junge Mädchen allerdings keine Ahnung. Auch Freud erzählt darüber eine Anekdote, die seine eigene Schwester betrifft. Schon in der ersten Nacht nach der Hochzeit erscheint sie wieder zu Hause. Auf die Frage, was passiert sei, antwortet sie, der Mann sei verrückt, er habe sie nackt sehen wollen. Man musste der Achtzehnjährigen erklären, dass der Mann nicht verrückt war, sondern etwas von ihr wollte. Jungen konnte man sexuell erziehen, die Erektion war ein körperliches Signal dafür, dass sie Männer geworden waren. Sie mussten wissen, worum es geht. Aber wenn die Mädchen ihre Periode bekamen, war das kein erotisches Zeichen.

Wie erscheinen die Frauen in der Literatur? Liest man Jane Austen, bemerkt man, dass sie eine sehr selbstbewusste Frau war. Trotzdem hatten in ihren Romanen alle Mädchen das Ziel, sich zu verheiraten. Natürlich wollten die Hauptheldinnen einen rechten Mann bekommen, ein anderes Ziel war nicht vorstellbar. Bis ins 20. Jahrhundert waren Frauen in keiner Weise selbstständig.

In der von Männern geschriebenen Literatur war das nicht anders. Betrachtet man Charles Dickens' Buch „David Copperfield", das einer Autobiografie nahekommt, gibt es zwei sehr verschiedene Frauen, doch spielen beide absolute Frauenrollen: die eine die Rolle eines kleinen Mädchens, die andere die Hausfrau, die Herrin aller Schlüssel.

Dasselbe gilt für die Lyrik. Dort haben die Mädchen immer Köpfchen, keine Köpfe. Sie sind schön, nett und liebevoll, sie lachen immer und sind jung. Hingegen gibt es eine andere literarische Gattung, in der das nicht so ist: die Dramen. Frauen in Dramen müssen ihre eigene Sprache sprechen, sonst können sie nicht vorkommen. Sie müssen die Leiden und die Überzeugungen der Frauen aussprechen. Das war schon in den griechischen Dramen von Sophokles, Euripides und Aischylos so.

Die Medea von Euripides spricht das Leiden einer Frau aus, deren Mann sie wegen einer anderen Frau verlassen hat. Die Klytaimnestra von Aischylos ist hingegen eine sehr selbstständige Frau. Ihre Figur hat viele auf den Gedanken gebracht, dass es in der Geschichte ein Matriarchat gegeben haben muss, eine Zeit, in der die Frauen die Macht hatten. Heute sagen die Ethnologen, dass dies nie der Fall war: Es gab matrilineare Gesellschaften – auch das heutige Judentum ist matrilinear –, was aber nicht heißt, dass die Frauen eine führende Rolle spielen.

Sind die Männer den Frauen intellektuell überlegen? Sicher nicht, wenn man die heutige Welt sieht. Einen Unterschied gibt es jedoch bei den Rollen: Die Männer sind körperlich stärker, sie können Krieg führen, sie sind bessere Soldaten. Die längste Zeit der menschlichen Geschichte waren die wichtigsten Arbeiten körperliche Arbeiten. Die Männer konnten im Krieg sterben, dafür starben viele Frauen bei der Geburt der Kinder. Das war das Gleichgewicht der Geschlechter: Würden auch Frauen in den Krieg ziehen, wäre dieses Gleichgewicht verloren. Für die Reproduktion des menschlichen Geschlechts war diese Arbeitsteilung lange Zeit notwendig.

Seit dem 20. Jahrhundert spielt die körperliche Kraft auch im Krieg keine Rolle mehr. Körperliche Arbeit ist heute nicht mehr sehr wichtig. Die körperliche Überlegenheit der Männer gegenüber den Frauen hat heute keine Bedeutung mehr. Sehr wenige Frauen sterben heute noch bei der Geburt ihrer Kinder. Daher wird die Rollenverteilung der Geschlechter heute nicht mehr gebraucht.

Neben Klytaimnestra gibt es in den klassischen Dramen auch noch andere große Frauengestalten, zum Beispiel Elektra. Auch Julia in „Romeo und Julia" und die fürchterliche Lady Macbeth in „Macbeth" von Shakespeare spielen eine Männerrolle, während die Männer eher den weiblichen Part besetzen. Diese starken Frauenfiguren sprechen allerdings sehr selten die Probleme der Ungerechtigkeit der Situation der Frauen an. Sie sprechen kaum über die Vorurteile der Männer.

> *Erst in der Moderne beginnen die Frauen, über die Vorurteile der Männer zu sprechen, und sie wollen sich selbst als Frauen gegen die Männer bestätigen. Die erste Frau, die das tut, ist Emilia in „Othello", ebenso Rosalinde, eine andere Figur von Shakespeare. Sie spielt zwar die Rolle eines Mannes und ist entsprechend gekleidet, spricht aber auch das Problem der Frauen an und dass ihre Unterdrückung ein Vorurteil ist. Auch in modernen Dramen gibt es viele starke Frauengestalten, allen voran Ibsens Nora, aber auch bei Ostrowski oder Tschechow thematisieren viele Frauen die Unterdrückung und die Ungerechtigkeit ihrer Situation.*

Wissen und Können der modernen Technik und Wissenschaft waren eine Vorbedingung für die Befreiung und Selbstbestimmung der Frauen. Aus zwei Gründen: Zum einen brachte die Geburtenregelung eine technische Lösung für bisher ungelöste Frauenprobleme, zum anderen veränderte sich die Hausarbeit durch die Technik. Es gibt Gas und Elektrizität, Kühlschränke und Waschmaschinen – alle möglichen Maschinen, um die Arbeit im Haushalt zu erleichtern. In dieser Hinsicht braucht die Frau dem Mann nicht mehr unterlegen zu sein. Selbst wenn sie die gesamte Hausarbeit macht, was heute meist nicht mehr der Fall ist, hat sie noch Zeit für ein eigenständiges Leben.

Die bürgerliche Frau hat repräsentiert, es war ihre Aufgabe, sich schön zu kleiden, spazieren zu gehen, durch Geschäfte zu bummeln, Salons zu halten, Gäste einzuladen und alles vorzubereiten, niemals denselben Gästen zweimal dasselbe Abendessen zu servieren und vieles mehr.

Die Arbeiterfrau war grundsätzlich überarbeitet, weil sie neben dem Bereich, in dem sie dem Mann gehorchen und alles für die Familie tun musste, auch noch in der Fabrik arbeitete. Wenn eine proletarische Frau einen Mann hatte, der sie täglich prügelte, und das war sehr oft der Fall, was hatte sie für eine Wahl? Entweder ging sie auf die Straße und verdiente ihr Brot mit ihrem Körper, oder sie arbeitete zwölf Stunden in einer Fabrik. Für eine Arbeiterfrau gab es keinen Ausweg.

Heute stehen den Frauen alle Berufe offen. Auf vielen Universitäten sind Frauen in der Mehrheit, auch in technischen Studienrichtungen. In zehn bis fünfzehn Jahren werden mehr Frauen einen Studienabschluss haben als Männer. Sie werden höhere Stellungen einnehmen als viele Männer, weil sie bessere Abschlüsse haben.

Auch die sexuelle Situation hat sich völlig verändert. Ein uneheliches Kind war im 19. Jahrhundert eine Katastrophe, nicht nur für die Mutter, sondern auch für das Kind. Es gab enorme Vorurteile gegen Kinder, die „keinen Vater" hatten. Sie wurden von den anderen schikaniert, wie man bei Maupassant nachlesen kann. Frauen, die uneheliche Kinder hatten, wurden nicht respektiert. Heute werden viele Kinder außerehelich geboren, doch es gibt keinen Unterschied mehr, auch rechtlich nicht. Heute ist auch die Ehe zwischen Homosexuellen und ihre Möglichkeit, Kinder zu adoptieren, vielfach rechtlich anerkannt. Die Verachtung der „Sünde" ist eine Sache der Vergangenheit.

Keine Sache der Vergangenheit sind immer noch die Vorurteile gegen die Frauen. Trotz aller Entwicklungen gibt es immer noch eine Art von Zweitrangigkeit der Frauen gegenüber den Männern. Dafür sind nicht nur die Männer verantwortlich, sondern auch die Frauen selbst. Oft wünschen sie sich Männer, die „über" ihnen stehen. Solange sie das tun, werden die Männer oft Frauen wählen, die „unter" ihnen stehen. Die Einstellung, der Mann solle klüger und reicher sein und eine bessere Position haben, ist eine traditionell schlechte Einstellung der Frauen.

Selbstbestätigung würde die Frauen von dieser Einstellung befreien. Das bedeutet, dass die Befreiung der Frauen vor allem eine Arbeit der Frauen selbst ist. Durch die neue Situation finden sich auch die Männer in einer schwierigen Lage: Sie sind unsicher geworden. Sie wissen nicht, wer sie sind und was sie tun sollen. Sie wissen nicht, wie sie sich gegenüber einer Frau verhalten sollen. Sie fühlen, dass ihre gesellschaftliche Position nicht mehr sicher ist: Die alte Position ist nicht mehr gültig, die neue Position scheint nicht immer erwünscht.

Politisch ist die Entwicklung derzeit geteilt. Wo es von Männern und ihrem Abstimmungsverhalten abhängt, dass eine Frau in eine Position kommt, werden die Frauen diese nicht bekommen. Die Männer wollen ihre Plätze bewahren, das betrifft zum Beispiel das Parlament. Wo es keine Abstimmung gibt, zum Beispiel, ob jemand einen guten Universitätsabschluss macht oder eine Geschäftsfrau wird, dort können die Frauen selbst ihr Glück machen. Es gibt natürlich auch Frauen, die eine hohe Position anstreben und nicht am Schicksal anderer Frauen interessiert sind – das sind die Parvenus.

7. Philosophische Vorurteile

In allen Sphären der Moderne können wir im Sinn von Max Weber über Vorurteile sprechen. Er hat in einem seiner späten Werke auch die Sexualität als ein Gebiet der Moderne gekennzeichnet und sie neben Kunst, Religion, Wissenschaft, Ökonomie und Politik gestellt.

Im Allgemeinen sprechen wir über eine Art von Vorurteilen, die Menschen demütigt, brandmarkt, unterdrückt, auslacht, diskriminiert oder Gewalt gegen sie anwendet. Über Vorurteile gegen menschliche Gemeinschaften, Gruppen oder Geschlechter, gegen Völker, Klassen oder sogenannte Rassen.

> *Vorurteile haben auch mit der Tatsache zu tun, dass die Moderne dynamisch ist, sich immer weiter entwickelt, dass das Neue gegen das Alte kämpft und das Alte gegen das Neue. In diesen Konflikten bezeichnen die Alten die Konzeptionen, Lebensweisen und Begriffe der Neuen als Vorurteile – und umgekehrt.*

Die moderne Philosophie ist dadurch gekennzeichnet, dass sie die mittelalterlichen Scholastiker als Menschen betrachtet, deren Philosophie aus lauter Vorurteilen bestand. Das hat schon Francis Bacon getan. Ein moderner Mensch, der von der Empirik ausgeht und sich philosophisch auf Erfahrungen stützt, kann solche Idole nur als Vorurteile sehen.

Alle philosophischen Gedanken, die für die mittelalterliche Philosophie zentral waren, wie die Verschiedenheit von Substanz und Attribut, die Frage, ob Gott nur positive oder auch negative Attribute hat, all das wird in der Moderne als Vorurteil bezeichnet, weil man sich mit solchen „dummen“ Fragen überhaupt nicht beschäftigen sollte. Die moderne Philosophie beschäftigt sich mit Erfahrungen, mit Empirie, so Bacon.

Der Rationalist Descartes vertrat über das scholastische Denken dieselbe Ansicht. Er sagte, man müsse alle Bücher wegwerfen, denn sie seien voll von Vorurteilen. Wir müssten von unserer Vernunft, von unserem Verstand ausgehen. Was jeder einzelne Mensch denkt und denken kann, wozu wir mit unserem Denken kommen, was wir in unserem Denken finden, das ist die Wahrheit, das ist kein Vorurteil. Alles, was in Büchern zu lesen ist, besonders in denen der Scholastiker, sind lauter Vorurteile.

David Hume ging noch weiter. Er sprach auch über konkrete Fragen so, als ob die Fragestellung selbst schon als Vorurteil zu beschreiben sei. Die Trennung von Leib und Geist war für ihn ein Vorurteil, auch die Kausalität, denn es gibt nur ein Vorher und ein Nachher. Unser menschliches Denken kann das Vorher und Nachher nicht verstehen, ohne ein Kausalverhältnis zu bestätigen – das galt ihm als Vorurteil.

Nietzsche beschäftigt sich in seiner „Götzen-Dämmerung“ mit philosophischen Vorurteilen. Die Welt der Empirie, der Materie, und die Welt des Geistes zu unterscheiden, sei ein Vorurteil – und zwar bereits ein altgriechisches, nicht erst ein mittelalterliches. Die Scholastiker des Mittelalters hätten es nur weiter entwickelt, es sei bereits bei Platon und Aristoteles vorhanden gewesen.

Noch in der Moderne habe man sich nicht von diesem Vorurteil befreien wollen. Auch dass Kant die transzendentale Freiheit gegen die Natur gesetzt hat, sei nichts anderes als ein Vorurteil gewesen. Die zweite Welt ist nach Nietzsche jetzt verloren, wir haben sie zerstört. In der philosophischen Entwicklung wurde die Tradition der Metaphysik als Vorurteil langsam und vollständig abgebaut. Die Philosophen nannten es Destruktion oder Dekonstruktion der alten metaphysischen Idole.

Natürlich war diese moderne Denkweise auch ein Vorurteil – aus der Sicht der alten Konzeption betrachtet. Es gab nur sehr wenige Philosophen, die anderer Ansicht waren. Leibniz etwa sagte, es gebe zwei verschiedene Standpunkte, und keiner von ihnen sei ein Vorurteil. Man könne die Welt auch vom Standpunkt der Scholastiker her betrachten, sie hätten viel Kluges gesagt, auch wenn es einige Vorurteile gab. Auch bei Descartes gibt es sehr viel Kluges und Zeitgemäßes, zugleich sehr problematische Aspekte. Leibniz blieb mit seiner Ansicht aber allein.

Wenn man Museen moderner Kunst besucht, kann man feststellen, dass sich in der Moderne immer ein „-ismus" entwickelt, der am nächsten Tag durch einen anderen „-ismus" ersetzt wird. Nach dem Impressionismus kam der Expressionismus, dann der Strukturalismus, der Dadaismus, der Surrealismus usw. Jeder „-ismus" bezeichnete den vorangegangenen als schlechte, konservative Kunst.

Die jeweils konservative Kunst sah die neuen „-ismen" als Vorurteile. Sie fragte, was das Neue überhaupt mit Kunst zu tun habe. Alle Kinder könnten so malen, die jungen Künstler könnten nicht zeichnen, die Farben nicht richtig einsetzen. Ihre Kunstwerke seien gar keine richtigen Bilder, nur Gekritzel. Das sind natürlich Vorurteile: Es ging um eine wichtige Art der Kunst, die von den Alten nicht verstanden wurde, die auch ihre eigenen Interessen verteidigen wollten.

Umgekehrt verstanden die Neuen die Alten nicht. Wurde über die Alten gesprochen, fragten sie, wozu die Zeichenkünste der Klassizisten gut seien, sie als Neue bräuchten das nicht zu lernen. Warum diese materialistischen Figuren? Sie zeigen nicht die Seele, sie sind ohne Fantasie, ohne Einbildungskraft. Auch das waren natürlich Vorurteile.

Ähnliches gab es in der Musik. Die Romantiker sagten über die Wiener Klassik, das sei keine Musik, das seien nur Töne, das sei Quatsch ohne Melodie oder Harmonie, man könne es nicht singen. Die Nachfolger der Romantik sagten, die romantische Musik sei Kitsch, sie spreche nicht über die Welt und über die Seele, sie diene nur dem sentimentalen Geschmack der Bourgeoisie. Nicht anders ging es in der Literatur zu. Als beispielsweise Beckett und Ionesco die Bühne betraten, hat man ihre Figuren als dumm beschrieben, sie selbst wiederum haben die alte Art von Roman und Drama als veraltet bezeichnet.

In allen Sphären der Moderne gibt es Urteile und Vorurteile, doch sehr selten sind sie mit konkreten gesellschaftlichen Klassen verbunden. Beispiele für eine solche Verbindung sind, wenn Wagner über „jüdische Musik" sprach oder Hitler über „entartete Kunst". Das sind politische Bezeichnungen. Im Kommunismus wurde die moderne Kunst als „dekadente Kunst" beschrieben, auch das war natürlich ein politisches Vorurteil. Man behauptete, Künstler wie Picasso gehörten zur Bourgeoisie, sie entwickelten das Leben der Bourgeoisie und drückten es aus, und daher seien sie nicht nützlich. Wobei natürlich die Frage ist, ob Kunst überhaupt nützlich sein muss. Jedenfalls war das ein Vorurteil.

Naturwissenschaft

Auch die Naturwissenschaft, wie wir sie kennen, entstand erst in der Moderne. Ich habe schon gesagt, dass ein wissenschaftliches Urteil nur dann wahr sein kann, wenn es falsifizierbar ist. Alle wahren Sätze müssen möglicherweise unwahr sein, sonst sind sie nicht wahr. An einem wissenschaftlichen Diskurs dürfen nur solche Sätze, Hypothesen, Begriffe und Konzeptionen teilnehmen, die von den Menschen, die sie einführen, für wahr gehalten werden, sich aber auch als unwahr herausstellen können.

Sätze, die Menschen für wahr halten, deren Unwahrheit aber nicht bewiesen werden könnte, können nicht am wissenschaftlichen Diskurs teilnehmen: Es sind Glaubenssätze. Das ist der Unterschied zwischen religiösen und wissenschaftlichen Wahrheiten. Religiöse Wahrheiten kann man nur glauben, man kann sie nicht falsifizieren. Heute gibt es über diese Fragen sehr interessante Diskussionen. Jürgen Habermas hat wichtige Essays darüber geschrieben, welche theologischen Argumente man in einem politischen Diskurs der Moderne annehmen kann.

Für einen wissenschaftlichen Denker sind solche Sätze, die wahr sind und sich als falsch erweisen lassen, wissenschaftliche Sätze, keine Vorurteile. Wenn man in der Wissenschaft eine Theorie als wahr bestätigen will, jedoch ein anderer beweisen möchte, dass sie nicht wahr ist, hat diese Theorie ihre Wahrheit noch nicht verloren. Das heißt, sie ist kein Vorurteil.

Individuelle Vorurteile

Man kann nicht nur Vorurteile gegen eine Gruppe haben, sondern auch gegen einzelne Menschen – ohne diese Menschen wirklich zu kennen, nur aufgrund von flüchtigen Eindrücken.

Ein endgültiges Urteil über einen Menschen zu fällen, bevor man ihn ausreichend kennt, ist eine besondere Art von Vorurteil. Hier geht es um reflektierende Vorurteile: Man geht von einem einzelnen Fall aus, zum Beispiel von einem Vorurteil gegen einen einzelnen Menschen, und man verallgemeinert dieses. „Dieser Mann hat mich betrogen, alle Männer sind Betrüger." „Dieser Mann ist ein Rechtsanwalt und ein Schwindler, alle Rechtsanwälte sind Schwindler." „Dieser Politiker interessiert sich nur für seine eigene Macht, nicht für das Wohl des Landes: Alle Politiker interessieren sich nur für die eigene Macht."

Im Grunde geht es hier um eine Verbindung von determinierendem und reflektierendem Vorurteil. Urteilt man über einen Einzelnen, hat man oft schon eine gewisse Vormeinung über die Gruppe, der er angehört, und schließt von seinem Einzelfall wieder auf seine Gruppe. Fast alle Verallgemeinerungen über konkrete Menschen oder Gruppen sind Vorurteile. Es gibt Vorurteile, die auch in der Politik wirken, zum Beispiel: „Eigentum ist Diebstahl." Danach ist jeder ein Dieb, der Eigentum hat.

Einzelne Vorurteile gehen von bestimmten Motiven aus. Wenn man jemanden beneidet, auf jemanden eifersüchtig ist, neigt man dazu, ein Vorurteil gegen ihn zu entwickeln. Hat der Nachbar viel Geld und man selbst keines, dann neigt man dazu, zu glauben, er habe es gestohlen. Und wenn er es geerbt hat, dann hat der Vater es gestohlen. Ist jemand auf einen anderen eifersüchtig, entwickelt er eine Neigung, dem anderen mit einem negativen Vorurteil zu begegnen und ihn als dumm, hässlich oder unehrlich zu bezeichnen. Handelt es sich um eine Frau, ist sie natürlich eine Dirne, die ihren Partner verführt hat.

Schließt man von einem einzelnen Vorurteil auf etwas Allgemeines, stigmatisiert man die Menschen, gegen die man ein Vorurteil hat. Der Einzelne wird aus Eifersucht oder Neid stigmatisiert, doch das geht nur durch etwas Allgemeines. „Das Mädchen, das meinen Mann verführt hat, ist eine Dirne!" Hier benützt man ein allgemeines Objekt von Vorurteilen, um eine bestimmte Frau zu stigmatisieren. „Der Mann, der meine Freundin verführt hat, ist ein Schwindler!" Dabei wird der Mann als Schwindler stigmatisiert: Er ist Rechtsanwalt, und die sind sowieso alle Schwindler. Ein Einzelner wird hier aus Eifersucht mithilfe eines allgemeinen Begriffs stigmatisiert. Dabei werden die sehr häufigen Vorurteile gegen Einzelne durch die Stigmatisierung der Person zu gefährlichen Vorurteilen.

Die Frage der Identität

Es gibt zwei philosophische Theorien über die Identität, und beide haben sehr viel mit unserem Problem zu tun. Die erste Art ist die subjektive Identität: Was glauben wir über uns selbst? Wie erscheinen wir für uns? Was sind wir in unserer eigenen Einbildung? Was ist unsere Kontinuität? Wer sind wir?

Die subjektive Identität ist normalerweise – Locke hat das in seiner Theorie entwickelt – mit unseren autobiografischen Erinnerungen identisch. Seit unserem dritten oder vierten Lebensjahr haben wir fragmentarische Erinnerungen, die immer dichter werden. Diese erzählen wir uns selbst als kontinuierliche Geschichte, die uns gehört – kein anderer hat diese Erinnerung. Deshalb sprechen wir von subjektiver Erinnerung: Nur wir selbst wissen, woran wir uns erinnern. Wir können die Erinnerungen natürlich anderen erzählen, aber wir können die Gefühle, die zu diesen Erinnerungen gehören, nicht mitteilen, höchstens beschreiben. Die anderen können das nicht teilen.

Aus unseren Erinnerungen machen wir eine Erzählung, an deren Ende wir stehen. Wenn wir 15 Jahre alt sind, endet die Erinnerung mit 15, wenn wir 70 Jahre alt sind, endet sie mit 70. Es geht immer vom Anfang bis zum Ende, daher ist diese Identität immer fluid, nie stabil. Man hat immer neue Erlebnisse, und die Erinnerung ändert sich im Hinblick darauf. Durch neue Erlebnisse werden einige Fragmente unserer Erinnerung wichtiger als andere, sodass wir uns unsere Lebensgeschichte in anderer Weise erzählen.

Diese subjektive Identität ist allerdings nicht so subjektiv, wie man glauben möchte. Natürlich haben wir alles in einem geschichtlichen Kontext erlebt. Ein Kind, das stigmatisiert wird, empfindet das als einschneidendes Erlebnis, die Stigmatisierung selbst ist jedoch ein gesellschaftlicher Akt.

> *Wenn man als Kind vom Vater geschlagen wird, ist das nicht nur ein individuelles Erlebnis, sondern das Erlebnis einer Generation, eine gesellschaftliche Tatsache. Auch wenn man als Jude oder Farbiger stigmatisiert wird, ist das ein persönliches Erlebnis, gehört aber zu den gesellschaftlichen Vorurteilen. Alle subjektiven Identitäten enthalten also auch Objektives, gesellschaftliche Vorbedingungen, eine sich gesellschaftlich entwickelnde Welt. Diese Erinnerungen enthalten nicht nur, was jemand getan hat, sondern auch die eigene Reaktion darauf – auch sie trägt zur Identitätsbildung bei.*

Leibniz sagte gegen Locke, die Identität bestehe nicht aus der subjektiven Erinnerung. Man könne sein Gedächtnis verlieren, und trotzdem würde man von anderen wiedererkannt. Nach Leibniz besteht die objektive Identität aus Gesicht und Namen. Man kann vielleicht denselben Namen haben wie ein anderer, aber keine zwei Menschen haben dasselbe Gesicht, keine zwei Menschen haben denselben Händedruck.

Diese objektive Identität ist allerdings nicht so objektiv, wie sie scheint. Goethe hat einmal gesagt, alle Menschen über 30 seien für ihr Gesicht verantwortlich, und er hatte recht. Der Charakter zeigt sich auch im Gesicht, es ist nicht nur objektiv, sondern auch subjektiv.

Sowohl bei der objektiven als auch bei der subjektiven Identität spielt die gesellschaftliche Identität eine wichtige Rolle. Subjektivität wie Objektivität eines Sklaven sind verschieden von der eines Herren, denn die gesellschaftliche Determinierung gehört zur Identität – ob man sie akzeptiert oder nicht. Lehnt man sie subjektiv ab, kann es zum Konflikt kommen zwischen der objektiven Determiniertheit in den Augen der anderen und der Selbstidentifikation.

> *Wir müssen uns zwar auch mit den Augen der anderen sehen, uns aber nicht durch sie bestimmen lassen. Selbstrespekt bedeutet, dass wir uns respektieren, wie wir sind, und dass wir uns nicht völlig durch die Augen der anderen sehen. Sieht man sich allerdings gar nicht mit den Augen der anderen, ist das Eitelkeit: Dann haben wir immer ein völlig anderes Bild von uns selbst als die anderen von uns.*

In gewisser Weise haben wir immer ein anderes Bild vom anderen als der andere von sich selbst. Wir können nicht sicher sein, dass das Bild wahr ist, das wir von uns haben. Vielleicht sieht der andere etwas in uns, was wir nicht sehen – und umgekehrt. Die Konzeption, dass wir uns genügen und das Gesicht der anderen nicht brauchen, um uns selbst zu bestätigen, ist falsch.

Natürlich spielen wir immer auch eine Rolle. Die Frage ist, ob wir verschiedene Rollen nur spielen oder identisch sind mit einer Rolle, ob wir eine Rolle mit Distanz spielen und die Einheit unserer Persönlichkeit trotz des Rollenspiels bewahren können. Man darf die Rolle nicht so spielen, dass sie das ganze Leben bestimmt – auch das wäre eitel. Man spielt natürlich auch eine Rolle, wenn man in der Straßenbahn seine Fahrkarte entwertet. Ganz gleich, ob es um eine technische oder eher um eine gesellschaftliche Rolle geht: Man kann seine Identität bewahren, wenn man sich mit einer solchen Rolle nicht identifiziert.

Hier stellt sich eine neue, wichtige Frage: Wie können wir uns repräsentieren, zum Beispiel über das Parlament? Ist eine Repräsentation überhaupt möglich? Können wir uns als Einzelne repräsentieren oder nur als Mitglied einer Gruppe? Können wir als Mitglied einer Gruppe auch andere Gruppen repräsentieren? Können zum Beispiel Männer im Parlament auch Frauen repräsentieren, oder können das nur Frauen? Was kann ich als Einzelner repräsentieren?

Ist jemand Schriftsteller, kann er sich in seinem Werk als Individuum repräsentieren. Eine Frau oder ein Mann repräsentiert sich in der Dichtkunst als eben diese Frau oder dieser Mann. Ganz allgemein kann sich ein Künstler selbst als Individuum repräsentieren. Jeder, der in eine Gemäldegalerie geht, weiß, dass man an einem Gemälde erkennen kann, wer es gemalt hat. Auch wenn man ein Gedicht in seiner Muttersprache liest, weiß man, wer es wahrscheinlich geschrieben hat, denn die Individualität ist in diesem Gedicht repräsentiert.

Wie aber kann ein Individuum sich als Individuum repräsentieren, wenn es kein Dichter oder Maler ist? Wo gibt es eine solche Repräsentation? Nur in der Art, wie man sich im Alltagsleben im Kreis der Freunde präsentiert, wie man seinen eigenen Charakter darstellt.

Es gibt drei verschiedene Charaktere: Der erste entwickelt sich in der Kindheit, der zweite in der Jugend, der dritte im Erwachsenen. Ich spreche hier vom psychologischen, vom moralischen und vom intellektuellen Charakter. Wenn man sich in der Welt präsentiert, präsentiert man sich in der sogenannten Totalität seines Charakters: das heißt in der Präsentation der Singularität. Paradoxerweise ist es so, dass ein Mensch sich umso weniger im Leben repräsentiert, je mehr er ein Künstler ist und sich über seine Arbeit repräsentiert. Die Art der Möglichkeit der Repräsentation vermindert die Möglichkeit der Selbstpräsentation im Leben.

Wie hängt das mit der Welt der Vorurteile zusammen? Jede individuelle Identität ist auch eine gesellschaftliche Identität. Fragt man jemanden nach seiner Identität, würde er wohl am liebsten sagen: „Ich bin ich!" Das ist natürlich die beste Antwort, doch so kann man nicht antworten. Man fragt: „Fühlen Sie sich als Österreicher? Fühlen Sie sich identisch mit der deutschen Kultur? Fühlen Sie sich als Katholik? Als Mann? Als Frau?" Das sind normalerweise die gesellschaftlichen Identitäten. Man muss auch seine Gruppenidentitäten offenlegen. Doch damit setzt man sich den Vorurteilen aus, die damit verbunden sind.

Antwortet man zu allgemein, wird nachgefragt, was man sei. Sagt man, man sei ein Dichter, wird weiter nachgefragt: „Was für ein Dichter sind Sie? Sind Sie modern? Schreiben Sie freie Verse? Sind von Ihnen schon Bücher veröffentlicht?" Auch solche objektiven Gruppenidentitäten sind fluid. Wurde jemand zum Beispiel in Österreich geboren und ist in die USA ausgewandert, wird man ihn fragen, als was er sich fühlt. Eine Antwort ist sehr schwierig, denn Identitäten sind mehrfach.

Kein Mensch hat nur eine einzige Identität. Viele Menschen haben sehr viele Identitäten, die auch in Konflikt miteinander geraten können. Man kann in eine Situation kommen, in der man gedrängt wird, zwischen Identitäten zu wählen.

Subjektive Identitäten sind keine Rollen – man spielt sie nicht. Ein Universitätsprofessor zu sein, ist eine Rolle. Eine Ungarin zu sein, ist keine

Rolle, sondern eine Identität. Gesellschaftliche Identitäten hängen mit der subjektiven Identität, mit den Erlebnissen zusammen. Objektive Identitäten kommen von außen und sind nicht kontinuierlich. Einige Zeit ist man vielleicht Student, nach vier Jahren nicht mehr.

Viele gesellschaftliche Identitäten sind temporal: Wir treten in sie ein und auch wieder aus. Die wesentlichen Identitäten sind nicht temporal, sie werden früh im Leben entwickelt, man kann sich von ihnen nicht leicht befreien, auch wenn man das möchte. Aber wenn man einen gewissen Selbstrespekt hat, wird man sich nicht von Identitäten befreien, gegen die es Vorurteile gibt.

Literatur

„Es macht Vergnügen, solche Bücher zu lesen."

Gordon W. ALLPORT, *Die Natur des Vorurteils,* 1954, dt. 1971

Hannah ARENDT, *Elemente und Ursprünge totaler Herrschaft: Antisemitismus, Imperialismus, Totalitarismus,* 1951, dt. 1955/1966

Jan ASSMANN, *Das kulturelle Gedächtnis. Schrift, Erinnerung und politische Identität in frühen Hochkulturen,* München 1992

Simone de BEAUVOIR, *Das andere Geschlecht: Sitte und Sexus der Frau,* 1949, dt. 1951

Norbert ELIAS, *Die höfische Gesellschaft,* 1969

Norbert ELIAS, *Über den Prozeß der Zivilisation. Soziogenetische und psychogenetische Untersuchungen,* 1939

Michel FOUCAULT, *Der Wille zum Wissen. Sexualität und Wahrheit 1,* 1976, dt. 1983

Michel FOUCAULT, *Überwachen und Strafen,* 1975

Sigmund FREUD, *Das Unbehagen in der Kultur,* 1930

Erich FROMM, *Die Furcht vor der Freiheit,* 1941

Hans-Georg GADAMER, *Wahrheit und Methode,* 1960

Jürgen HABERMAS, *Strukturwandel der Öffentlichkeit*, 1962

Niklas LUHMANN, *Soziale Systeme. Grundriß einer allgemeinen Theorie*, 1984

György LUKÁCS, *Geschichte und Klassenbewußtsein*, 1923

Friedrich NIETZSCHE, *Götzen-Dämmerung oder Wie man mit dem Hammer philosophiert*, 1889

Helmuth PLESSNER, *Lachen und Weinen. Eine Untersuchung der Grenzen menschlichen Verhaltens*, 1941

Oswald SPENGLER, *Der Untergang des Abendlandes*, 1918/1922

Max WEBER, *Wirtschaft und Gesellschaft*, 1914

Max WEBER, *Wissenschaft als Beruf* (Essay), 1917

Nachwort

Wann kann sich ein Mensch bewusst werden, dass er bisher ein Vorurteil hatte? Wird er sich dessen bewusst, hat er kein Vorurteil mehr. Wie kommt es dazu?

Erstens: durch Diskussion mit anderen. Wenn ein anderer jemanden überzeugt, dass das, was er für wahr hält, nicht wahr ist, muss er offen gegenüber anderen Argumenten sein. Wenn er ein starkes Vorurteil hat, dann lässt er sich nicht von etwas anderem überzeugen.

Zweitens: durch persönliche Erfahrungen, die dem eigenen Vorurteil widersprechen. Das kann auch eine plötzliche, große Erfahrung sein, zum Beispiel eine Liebeserfahrung oder eine religiöse Erfahrung.

Es gibt immer die Möglichkeit, ein Vorurteil hinter sich zu lassen, doch dazu gehört viel.

„Jeder von uns stand wohl schon einmal vor einem Bild, einem Gemälde, einer Fotografie oder einer Skulptur und sagte sich: ‚Es berührt mich. Ich verstehe zwar nicht ganz, worum es in diesem Kunstwerk geht. Aber je länger ich davor verweile, desto tiefer berührt es mich.'

Das ist nicht bei jedem Menschen bei den gleichen Kunstwerken der Fall, doch fast jeder hat es schon einmal erlebt. So ist es wunderschön, jugendliche Ausstellungsbesucher in einer Modigliani-Ausstellung zu beobachten. Angesichts einiger Bilder des früh verstorbenen Malers scheint ihnen plötzlich aufzugehen, was es heißt, ein Mensch zu sein – und dass Kunst das vermitteln kann."

Robert Fleck

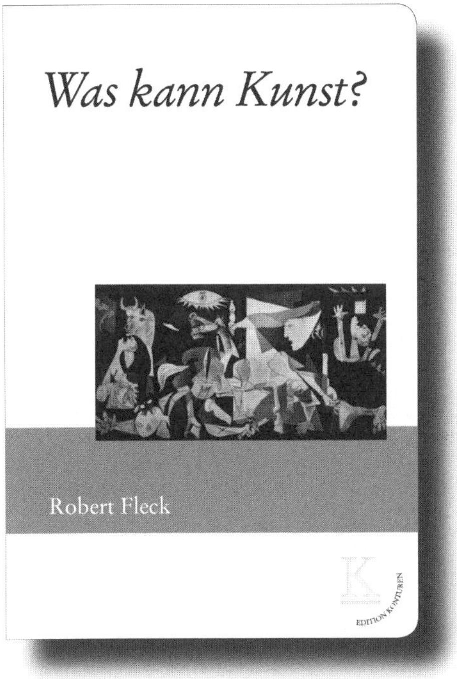

Robert Fleck

Was kann Kunst?

142 Seiten, 10 farbige Abb.
E-Book inside
ISBN 978-3-902968-02-9
Hardcover
Format 16 cm x 24 cm
Preis € 24,–

Kunst komme nicht von Können, eher umgekehrt: Können kommt von Kunst! Ja, man kann sagen, die Kunst hat das Können erfunden. Sie schafft Erlebnisse jenseits dessen, was man sieht, und erfindet die Welt neu. Tag für Tag.

Robert Fleck versucht die Kunst über ihren Erlebnis-Charakter neu zu sehen. Er folgt ihrem Weg durch die Moderne und fragt: Kann es ein zweites Jahrhundert der Moderne geben? Er folgt ihr mit sehr persönlichem Blick auf viele Künstlerbiografien und kommt dabei zu jenen Fragen, die man heute oft nur noch hinter vorgehaltener Hand zu stellen wagt: den Fragen nach Schönheit und Freiheit.

Robert Fleck ist Historiker, Autor und Ausstellungsmacher. Er lebt seit 1981 in Paris, studierte unter anderem bei Gilles Deleuze und Michel Foucault. Er war zuletzt Intendant der Kunst- und Ausstellungshalle der Bundesrepublik Deutschland in Bonn und ist nun Professor für „Kunst und Öffentlichkeit" und Prorektor der Kunstakademie Düsseldorf.

„Wenn Wittgenstein und auch philosophisch-musikalisch denkende Menschen wie Aurelius Augustinus oder Nikolaus Cusanus die Tonkunst heranziehen, um in die Lage versetzt zu werden, etwas doch ‚klar' oder zumindest ‚klarer' zu sagen? Sagen diese etwas ‚klar' durch ein Abstandnehmen von Wörtern oder von Worten? Von Wörtern und Worten, deren Bedeutung plötzlich ausschließlich darin besteht, ein halbwegs praktikabler Schlüssel zu sein?

Ein Schlüssel für die Sperrmechanismen jener Schatztruhe, in welcher die Musik gut geborgen ist, doch keineswegs verborgen? Aus welcher sie aber eben nicht einfach so mir nichts dir nichts herausgezogen werden kann? Worin läge dann die Bedeutsamkeit der Musik, dass ihr die Würde zugebilligt wird, nicht immer jetzt und gleich zur Verfügung zu stehen?"

Johannes Leopold Mayer

Johannes Leopold Mayer

Wozu Musik?

Gedanken und Erwägungen über Notwendigkeit und Brauchbarkeit

148 Seiten, 5 Abb., E-Book inside
ISBN 978-3-902968-04-3
Hardcover
Format 16 cm x 24 cm
Preis € 24,–

„Leben ist, so lehrt es die aktuelle medizinische Forschung ebenso wie die Neurowissenschaft, ohne Musik nicht vorstellbar. Jedenfalls nicht in jener Wertigkeit, welche das Leben lebenswert macht", schreibt Johannes Leopold Mayer.

Mit großer Intensität geht er der Frage nach, was Musik den Menschen verschiedener Zeiten und Gesellschaftsschichten ganz konkret bedeutet hat, und spart auch ihren Missbrauch nicht aus.

Um zu ergründen, warum Musik unser Leben erst lebenswert macht, breitet er schließlich seine ganz persönlichen Überlegungen zu seinen fünf Lieblingskomponisten vor uns aus: Anton Bruckner, Joseph Haydn, Josquin des Prés, Olivier Messiaen und Dmitrij Schostakowitsch.

Johannes Leopold Mayer studierte Geschichte, Musikwissenschaft und Philosophie sowie Orgel und Gesang. Seit 2001 arbeitet er in der Musikredaktion des Radioprogramms Österreich 1. Wissenschaftliche Veröffentlichungen zu Fragen der österreichischen Kultur- und Religionsgeschichte, zum Verhältnis von Philosophie und Musik sowie zu Haydn, Schostakowitsch und Bruckner.

„Vor vielen Jahren bat mich ein Klient aus der Pharmaindustrie, darüber nachzudenken, wie das Leben im Betrieb besser und freudvoller und gleichzeitig das Betriebsergebnis erhöht werden könne. Er zitierte Martin Luther (1483–1546), der bereits vor Jahrhunderten festgestellt hatte, dass aus einem verzagten Arsch niemals ein fröhlicher Furz komme, und forderte: ‚Ich will, dass wir lustig furzen lernen.'

Der Weg zu diesem Ziel begann nicht mit Wirtschafts- oder Führungstheorien, sondern mit einer sehr allgemeinen Frage: Was benötigt der Mensch als Lebewesen, um gedeihen zu können? Am Ende des Projektes hatte das Unternehmen eine tragfähige Kultur der Gemeinsamkeit entwickelt, die in bemerkenswertem wirtschaftlichem Erfolg mündete."

Michael Vogler

Michael Vogler

Wieso arbeiten wir eigentlich hier?

Unternehmenskultur erkennen und bewusst gestalten

187 Seiten, E-Book inside
ISBN 978-3-902968-01-2
Hardcover
Format 16 cm x 24 cm
Preis € 24,–

Leidenschaft erzeugt Motivation, Engagement und Loyalität. Sie ist der Jackpot für den Erfolg jeder Organisation. Außerdem wirkt sie gleichermaßen anziehend – auf interessierte Kunden wie auf talentierte Bewerber.

Der Schlüssel zu einer begeisternden Organisationskultur liegt in ihrem Design und in der bewussten Gestaltung des Klimas.

Ausgehend von der menschlichen Natur, zeigt Michael Vogler, wie einfach es sein kann, wirksame Weichen zu stellen und die Unternehmenskultur zu energetisieren.

Michael Vogler studierte Betriebswirtschaft, Philosophie, Geschichte und Kommunikationswissenschaft in Madrid, Paris, Luxemburg und Wien. Seit 1992 ist die Entwicklung von Organisationen sein Hauptberuf. 2013 gründete er sein Beratungsunternehmen „Kulturdesign", das sich der Entwicklung von Unternehmenskulturen widmet. Er ist Autor mehrerer Bücher und lebt in Tulln an der Donau.

E-Book inside / Website www.konturen.cc

Mit dem Kauf dieses Buches haben Sie auch das E-Book erworben. Sie können es auf unserer Website ohne weitere Kosten herunterladen:

www.konturen.cc

Geben Sie dort bitte Ihren persönlichen Download-Code ein. Sie finden ihn auf der gegenüberliegenden Seite – mit einer Anleitung, wie Sie das E-Book auf Ihren Computer oder Ihr elektronisches Lesegerät übertragen.

Auch ein Besuch unserer Website lohnt sich für Sie: Dort gibt es zu jedem Buch weiterführende Hinweise und zusätzliche Medienangebote. Wir informieren Sie über aktuelle Events und die Möglichkeit, über uns mit den Autoren Kontakt aufzunehmen.

Wir wünschen Ihnen viel Freude mit diesem Buch!

HELLv22o2iEmpt